D1706145

# Lorenz Breitfeld
# Kurt Leopoldseder

# Aufbruch ins Blaue

NEUMANN-NEUDAMM

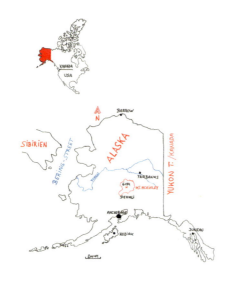

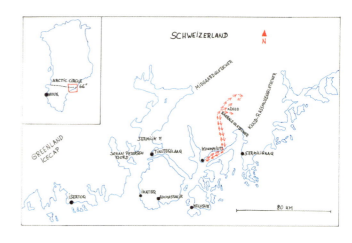

*IMPRESSUM*

ISBN 3-7888-0900-0

© 2004 Verlag J. Neumann-Neudamm AG
Schwalbenweg 1, 34212 Melsungen
Tel. 05661-52222, Fax 05661-6008,
www.neumann-neudamm.de

Printed in Germany

Texte: Lorenz Breitfeld und Kurt Leopoldseder
Satz/Layout: Ratz-Fatz, Meslungen
Druck und Verarbeitung: J.P. Himmer GmbH & Co. KG, Augsburg
Bildnachweis: S. 14-15 Romano Schenk; S. 99, 115 unten rechts Gerd Albrecht; alle anderen Bilder Breitfeld und Leopoldseder

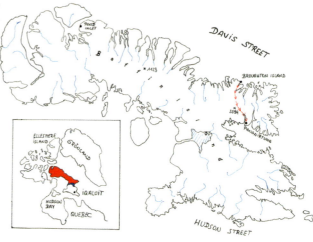

# Inhalt

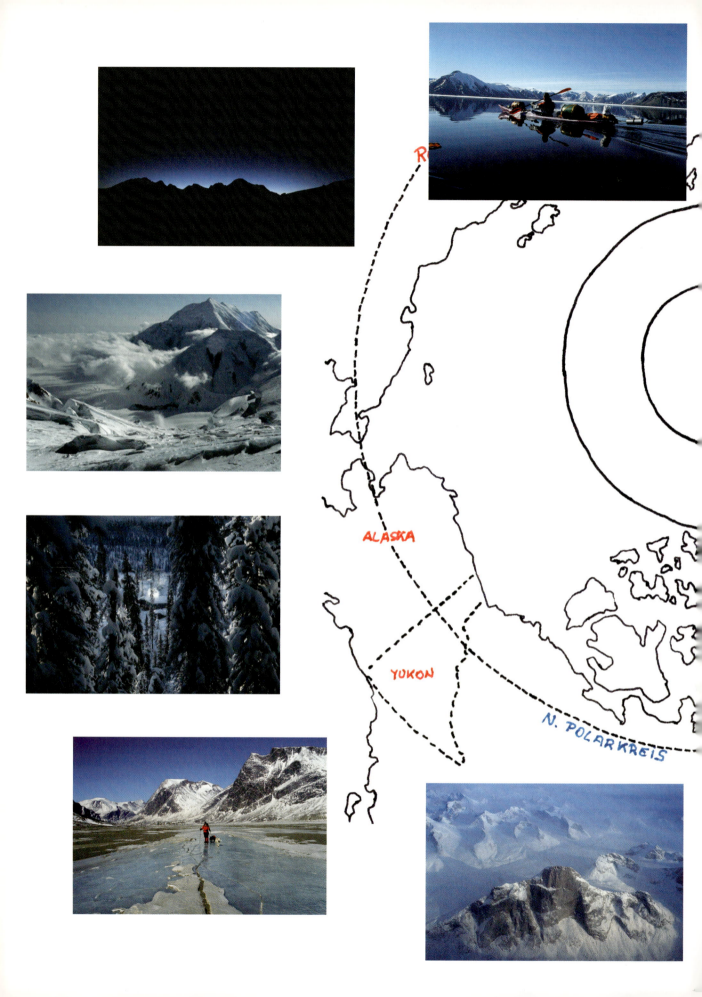

R...

ALASKA

YUKON

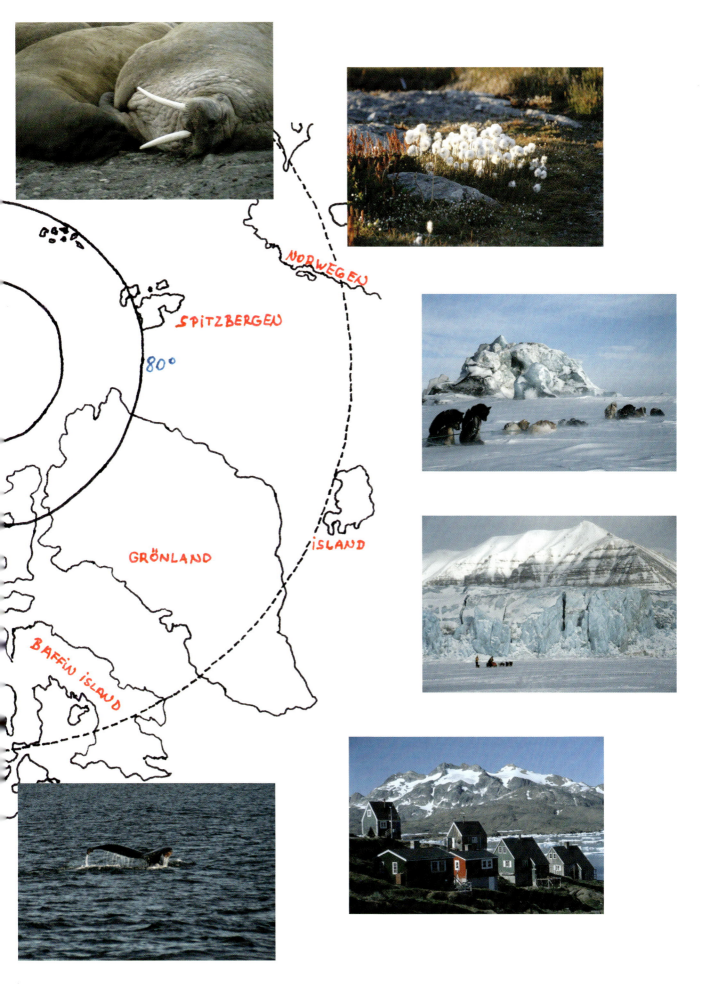

NORWEGEN

SPITZBERGEN

80°

ISLAND

GRÖNLAND

BAFFIN ISLAND

# Vorwort:

# Wie alles anfing....

Vor über 10 Jahren begann unsere Begeisterung für den hohen Norden. Kurt verbrachte damals mehrere Monate im Norden von Kanada, während ich im gleichen Sommer Island zum ersten Mal bereiste. Zu dieser Zeit kannten sich Kurt und ich noch nicht. Es sollten noch mehrere Jahre vergehen, in denen jeder von uns zahlreiche Reisen in arktische Gefilde unternahm, bis wir uns in Grönland kennenlernten. Damals war Kurt mit dem Seekajak an der Küste Ostgrönlands unterwegs. Zur gleichen Zeit arbeitete ich in einem Krankenhaus in Tasiilaq (Ammassalik) als Praktikant und machte einen Tagesausflug in die umliegenden Berge. Wir trafen uns rein zufällig in der Wildnis, und es entstand eine Freundschaft.

Jeder von uns unternahm in den vergangenen Jahren zahlreiche Reisen in arktische Gefilde. Wir waren aber bis heute noch nicht gemeinsam unterwegs. Die Liebe und Sehnsucht zum hohen Norden ist jedoch die gleiche. Kurt Leopoldseder ist ein Freund, ein Leidens– und Leidenschaftsgenosse. Es sollte sich die Gelegenheit ergeben, bei der mir Kurt von vielen seiner Reisen erzählte. Gemeinsam beschlossen wir, diese Faszination und Liebe zu den Regionen nördlich des Polarkreises in Bild und Wort zu Papier zu bringen. So entstand dieses Buch. Es ist ein Versuch, eine mehrdimensionale Darstellung von der unbeschreiblichen Schönheit und Vielfalt des hohen Nordens zu geben. Wir glauben, dass sich unsere erlebten Geschichten und die Vielfalt unserer Bilder von den verschiedenen Unternehmungen in die unterschiedlichsten Regionen des hohen Nordens recht gut hierbei ergänzen. Mit dem vorliegenden Buch möchten wir einen großen Bogen entlang des nördlichen Polarkreises spannen: von Island über Grönland, Baffin Island, Kanada, Alaska bis nach Spitzbergen.

# Blockhüttenbau im Yukon –
# ein Jugendtraum wird wahr

Im damaligen Sommer reiste Kurt in den
Norden Kanadas, ins Yukon Territorium, um
sich dort einen Jugendtraum zu erfüllen: Gemeinsam mit seinem Freund Romano baute er
in der Wildnis eine Blockhütte. Dies geschah
ganz legal – auf dem Boden von indianischen
Ureinwohnern und mit der Genehmigung der
Behörden. Heute ist dies nahezu nicht mehr
durchführbar, weil auch in Nordamerika die
„bürokratischen Hürden" höher geworden sind
und man verständlicherweise einen möglichen
Blockhausbau–Tourismus vermeiden möchte.
Doch Kurt und Romano suchten alles andere
als ein touristisches Abenteuer! Nur mit ihrer
eigenen Muskelkraft, Axt und Handsäge errichteten sie ihre Behausung für den nahenden
Winter. Absichtlich vermieden sie die Verwen-
dung von Motorsägen. Sie sammelten über tau-

send Kilo Moos zur Abdichtung der Fugen und hackten zig Kubikmeter an Brennholz. Ein Waldbrand, der in dieser Gegend vor mehreren Jahren viel trockenes Holz stehen hatte lassen, unterstützte die zwei. Dadurch vermieden sie auch, für ihre Hütte viel frisches Holz fällen zu müssen, was obendrein noch nass und schwer gewesen wäre. Aus eigener Kraft transportierten sie Ofen, Vorräte und sämtliche Ausrüstungsgegenstände zu dem entlegenen Ort. Die zwei nutzten die reiche sommerliche Natur, um ihren Proviant zu ergänzen. Der See, an dem die Hütte erbaut wurde, bot dabei zusätzlich reichlich Delikatessen. Kurt, ein gelernter Koch, vermochte aus den Dingen, die die Natur bot, so manches Festmahl zu zaubern.

*Kurts Tagebucheintrag vom Mittwoch, den 18. August 1993:*

*Seit Wochen will ich einen Brief an meine Freundin Jeanette, an meine Eltern und an meine Freunde schreiben. Jeanette habe ich bildhübsch in Erinnerung, aber auch sehr, sehr jung – ist sie überhaupt noch meine*

Freundin? Auch sollte ich meinem Arbeitgeber in Zermatt Bescheid geben, ob er nächste Saison wieder auf mich zählen kann. So viele Dinge gehen mir im Kopf herum, und es fällt so schwer, dies alles zu Papier zu bringen. Es quälen mich die Gedanken an Jeanette – doch schließlich war und ist der Traum der eigenen Blockhütte in mir stärker ...

Endlich habe ich heute meine Haare gewaschen – war auch dringend notwendig. Noch ist der See „angenehm warm". Na ja, so an die 14 Grad – ich bin da nicht so heikel. Leute, ist das ein Hochgenuss, sich nach diesem Bad wieder wie neugeboren zu fühlen!

Wenn man das Wasser verlässt, beginnt die Hölle:. Das Anziehen der Kleider sollte rasch gehen. Alles ist sorgfältig vorbereitet und dann mit Windeseile hinein in die Klamotten! Trotzdem erwarten mich Hunderte dieser Biester, die Yukon – Mossies (Moskitos). Gierig warten sie, um dann erbarmungslos auf mich einzustechen. Aber bald werden sie ja einen langen Winterschlaf antreten, bzw. das „Zeitliche segnen" – „Adios Amigos!"

Am Nachmittag ziehen dunkle Wolken auf; darum waren die kleinen Blutsauger auch so lästig. Jetzt ist erstmal Kaffeepause! Romano bastelt noch immer an seiner bärensicheren Tür. „He Remo", schreie ich nach oben, „take a brake!" Er hat keine Zeit zum Antworten. So spiele ich Kellner und serviere den Kaffee. Sein Werk sieht tatsächlich bärensicher aus, und ich klopfe Romano anerkennend auf die Schultern. An ihm ist ein Handwerker verloren gegangen. Neidlos gestehe ich mir dies täglich ein. Gäbe es nicht Romano, würde die Hütte heute nicht so da stehen. Für die Tür hat er drei ganze Stämme benötigt. Anstatt richtiger Nägel verwendet er selbstgehackte Holzstifte, um die drei Endteile senkrecht miteinander zu verbinden. Robust und schwer ist sein Werk. Der Türrahmen ist auch schon fertig.

Seit Tagen bin ich jetzt mit dem Bau eines Toilettchens beschäftigt. Es sieht auch schon sehr gut aus: Auf zwei Wurzeln werden zwei entrindete Äste quer montiert. Durch diese Öffnung müsste man halt treffen.... Ich bin kein Perfektionist. Doch heute bin ich

mit Begeisterung dabei. Einen Stamm säge ich längs mit einem Fuchsschwanz in zwei Teile und bearbeite sie mit einem Hobel. Daraus konstruiere ich den Fensterrahmen und setze ihn gekonnt in den Fensterstock. Fast perfekt! Es ist einfach schön, mit Holz zu arbeiten! Die Wände und das Dach dichte ich sorgfältig mit Moos und Flechten ab. „Hurra", schreie ich vor Freude, „the toilet is ready", so laut, dass Romano sogar seine Arbeit an der Tür unterbricht, um dann mein Werk auch gleich zu testen.

Zwei Nachteile hat das Häuschen: Im Sommer sitzt man nicht allzu lange. Keine Zeit zum Lesen, will man sich seinen Hintern nicht völlig von diesen Moskitos zerstechen lassen! Im Winter, bei 40° unter Null und mehr, ist es dem Allerwertesten einfach zu frisch, um länger das Bedürfnis nach frischer Luft zu haben...

Die schwarzen Wolken hat der Wind weggefegt. An machen Stellen erkennt man schon den Indian Summer, was für eine Farbenpracht! Mittlerweile ist es schon spät. Romano und ich suchen noch nach Rotkappen, soll es doch heute zum Abendessen Semmelknödel mit Pilzsauce geben. Unweit unserer Hütte liegt ein uriges Birkenwäldchen, in dem wir in kürzester Zeit fündig werden und wenig später mit einen ganzen Korb mit leckeren Pilze zurückkehren. Am See hausen wir immer noch in Zelten, solange die Hütte noch nicht bezugfertig ist. Im Camp entfacht Romano ein Feuer und ich koche. Unser Menu schmeckt herrlich. Noch lange sitzen wir am Feuer und lassen den heutigen Tag zufrieden über das Erreichte Revue passieren. Gute Nacht!

Kurt schwärmt noch heute von diesem Sommer im Yukon: Es sei die schönste und intensivste Zeit seines Lebens gewesen, trotz der vielen Wochen harter körperlicher Arbeit. Es war äußerst befriedigend, aus eigener Kraft einen

Zufluchtsort und Eigenheim für eine arktische Überwinterung zu erbauen. Im Herbst stieß ein weiterer Freund, Cyriak, zu ihnen, und Schlittenhunde wurden organisiert. Die drei Freunde benötigten ihre Blockhütte als Ausgangspunkt für ihre geplante Durchquerung des Yukon Territoriums mit Hundeschlitten. In den Wintermonaten bereiteten sie wochenlang ihre bevorstehende Reise vor. Jedes einzelne Detail der Ausrüstung musste perfektioniert werden. Der Blockhüttenbau im Sommer, die Überwinterung und die darauf folgende Durchquerung des Yukon Territoriums war für Kurt ein erfüllter Jugendtraum – vielleicht sehen manche es als ein „Abenteuer" oder eine „Expedition". Doch beide Worte haben heute eine etwas negative Bedeutung erlangt. Beide, Kurt und ich, sprechen lieber von *gelebten Träumen* – ist das Leben an sich ja schon ein Abenteuer und manchmal auch eine Expedition.

# Nordlichter - Aurora borealis

Wir hatten es uns am abendlichen Feuer gemütlich gemacht. Es war bereits Anfang September und wir waren mit dem Kanu im Yukon Territorium auf den Gewässern des Porcupine Rivers in Richtung Alaska unterwegs. Die Zeit des farbenprächtigen *Indian Summer* war fast vorüber. Über Nacht begann sich am Rande des Flusses Eis zu bilden - der Winter stand kurz vor der Tür.

Es war kalt geworden, - 10°C, und wir waren froh um unser Lagerfeuer! Millionen von Sternen funkelten über uns am klaren Nachthimmel. Bei einer wärmenden Tasse Tee plauderten wir über Gott und die Welt. Plötzlich fingen Wolken, farbige Lichter am Himmel an zu brennen und zu tanzen. Es waren aber keine Wolken, sondern Nordlichter! Sie waren atemberaubender als alle Geschichten und Bilder darüber, die wir kannten. Wir jubelten vor lauter Begeisterung. Das gewaltige Freilichtkino am Himmel begeisterte uns. Sogar rötliche Nordlichter, die selten sind, „fetzten" über uns. Seit jener Nacht im Yukon ist bei uns dieser Ausdruck des „Fetzens" ein ständiger Begriff, der am besten diese ungerichteten, unwillkürlichen Tänze beschreibt.

Es ist nicht einfach, dieses Himmels-phänomen zu fotografieren – Film, Belichtungs-zeit und Blende müssen gut aufeinander abge-stimmt sein. Meist erschweren dazu noch kalte Temperaturen nebst der späten Tageszeit den fotografischen Genuss bei der Arbeit, ist es im warmen Schlafsack doch wesentlich gemüt-licher! Kalte Finger, schwache Batterien (bei − 40° kein Wunder) und Filme, die in der Kälte reißen, gehören dazu! Trotz aller Probleme – es ist eine Faszination, diese Himmelsschauspiel mit der Kamera festzuhalten!

Das Nordlicht oder Polarlicht (lateinisch: Au-rora borealis) ist eines der faszinierendsten Na-turschauspiele. In den Polargebieten sieht man die Aurora borealis am besten. Den Betrachter überrascht es immer wieder aufs Neue mit sei-nen raschen, wechselnden Formen, seinen rhyth-mischen Bewegungen aus Farben und Licht. Nordlichter sind Sonnenwinde entlang des Ma-gnetfeldes, die in die Atmosphäre der Erde ein-treffen. Dabei entstehen Lichtfunken, wenn sie mit Stickstoff- und Sauerstoffmolekülen zusam-mentreffen. Die Farben sind sehr unterschied-lich - am häufigsten sind grünliche, gelbliche, sel-tener rote und violette Nuancen. Kein Nord-licht gleicht dem andern. Die Formen variieren zwischen Vorhängen, Bögen, Bändern, Schlei-ern und Strahlen bis zu Feuerzungen.

Die Mythen der Ureinwohner des Nordens über diese Himmelserscheinung sind sehr un-terschiedlich: Die schönste ist sicher jene, in der die Seelen der Verstorbenen am Himmel tanzen.

# Island - per Daumen das Land der Vulkane und Gletscher entdecken

Im selben Jahr, in dem Kurt die Blockhütte baute, fuhr ich kurz nach meinem Schulabschluss für mehrere Wochen nach Island. Diese Unternehmung war bei weitem nicht so spektakulär, verglichen mit der von Kurt. Der Grund, warum ich diese Reise trotzdem erwähne, sind nicht nur die wunderschönen Erinnerungen an sie, die mir geblieben sind, sondern der eigentliche Beginn meiner Sucht: Die Sucht nach dem hohen Norden. Manche nennen diese Sucht „arktischer Virus". Es heißt, man behält ihn ein Leben lang, ist man einmal mit ihm infiziert. Dieses Schicksal teile ich mit Kurt und wie ich weiß, auch mit vielen anderen Nordlandreisenden.

Damals war es das erste Mal für mich, ganz allein mehrere Wochen lang auf Reisen zu gehen. Absichtlich wollte ich ohne Reisepartner unterwegs sein, um mich auf einen neuen Lebensabschnitt zu besinnen und gleichzeitig auch von der zurückliegenden Schulzeit Abstand zu gewinnen. Schon mit 15 hatte ich begonnen, Europa per Anhalter zu entdecken. Tausende von Kilometern legte ich als „Tramper" in fremden Autos jeden Sommer zurück. Als Jugendlicher sah ich es für selbstverständlich an, dass man mir zuhause diese Freiheit einräumte. Heute bewundere ich dieses Vertrauen und die Gelassenheit meiner Mutter, mich derart in die weite Welt ziehen zu lassen.

Zwar nahm ich, wie die meisten Touristen, ein Flugzeug nach Island, doch reiste ich nur mit einem Rucksack. Ich wollte zu Fuß und per „Daumen" die Insel entdecken. Die meisten Individualtouristen in Island entscheiden sich für Fahrrad bzw. Mountainbike oder vertrauen auf

*Zerklüftete Spaltenzone am Vatnajökull*

öffentliche Verkehrsmittel. Beides wollte ich nicht, denn ich war der Meinung, es sei leichter Kontakt zu Isländern zu finden, wenn man alleine und per Anhalter unterwegs ist.

Es war die richtige Entscheidung, wie es sich herausstellte. Während sich meine Landsleute meist auf Schotterpisten bergauf und bergab, mit und ohne Gegenwind auf ihren Rädern und bei jedem Wetter plagten, erkannte ich bald die Chance meiner Unabhängigkeit. War das Wetter gut, so nutzte ich die Zeit mit ausgiebigsten Berg- und Wandertouren. War es regnerisch, so versuchte ich mein Glück auf der Straße. Ich fand bald heraus, dass auf bestimmten Routen folgende Regel zutraf: „Je weniger Autos, desto schneller nimmt Dich einer mit." Doch diese

Regel konnte nur funktionieren, solange überhaupt Autos auf bestimmten Straßen fuhren.....
An einem solchen „schwarzen Trampertag" verbrachte ich 6 ½ Stunden wartend – es nahm mich kein Auto mit – es fuhr ja auch keines.

Ich schaffte es trotzdem, in drei Wochen die gesamte Insel zu umrunden und dabei unzählige und interessante Gespräche mit Isländern zu erleben. Und wenn mir gerade danach war, so konnte ich die Straße verlassen, mein Zelt aufschlagen, um meinen eigenen Wegen und Gedanken nachzugehen. An jenem „schwarzen Tag" lernte ich Peter, einen Schotten, kennen. Eine schicksalhafte Begegnung, denn wir wurden Freunde, verbrachten einige Zeit gemeinsam und planten weitere Vorhaben.

Mit ihm kehrte ich im folgenden Sommer nach Island zurück. Zu zweit wollten wir Europas größten Gletscher, den Vatnajökull im Sommer mit Ski von Süd nach Nord und von Nord nach Süd überqueren. Beide hatten wir uns körperlich gewissenhaft auf unser Vorhaben vorbereitet. Unsere Ausrüstung reduzierten wir auf das Notwendigste. Um Gewicht zu sparen, nahmen wir an Besteck gemeinsam nur ein Taschenmesser und zwei Löffel mit und kürzten sogar unsere Zahnbürsten....

Unsere Ausrüstung zogen wir auf zwei kleinen Plastikkinderbobs – ideale, leichte und re-

lativ robuste Transportmittel. Vier Tage benötigten wir für die 70 km. In der Gegend von Kverkfjöll blieben wir einige Zeit, bis wir uns auf den Rückweg machten. Schon auf dem Hinweg merkten wir, wie sehr uns Rückenwind das Vorankommen erleichterte. Mein schottischer Freund, ein unkonventioneller Tüftler, machte folgenden Vorschlag: „ Wenn wir auf Nordwind warten und das Außenzelt als Segel verwenden, kommen wir bestimmt gut voran." Gesagt, getan – zwischen Skistöcken befestigten wir unseren neuen Spinnaker und legten uns mit Reepschnüren und Klettergurt ins Trapez.

Ich hatte Angst um unser Zelt, war es doch eigentlich nicht zum Skisegeln bestimmt! Alles ging gut – abwechselnd segelnd und marschierend bewältigten wir die 70 km lange Strecke diesmal in nur 12 ½ Stunden!

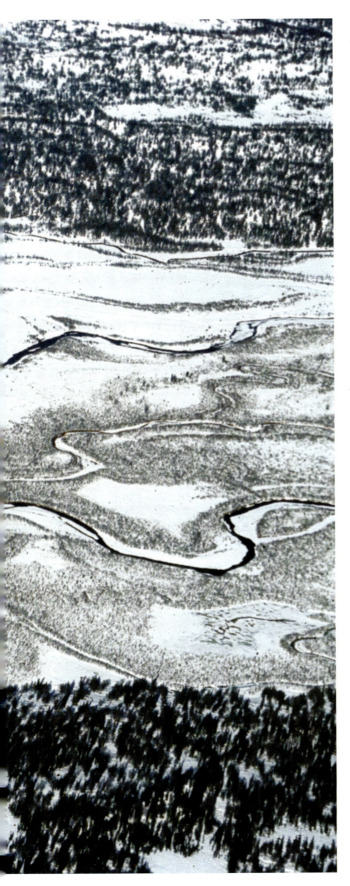

# Alaska – Besteigung des Mount McKinley

<u>18. Mai 2000</u>

„Außer Atem reiße ich mir meine Sturmmaske vom Gesicht. Ich bekomme kaum Luft und muß stehenbleiben. Wie einen eisigen Biss spüre ich den scharfen Wind an Nasenspitze und Wangen. Auf 6000 Meter Höhe wird jede Bewegung zur Anstrengung. Wer sitzt auf meinem Brustkorb und wer zieht jegliche Kraft aus den Muskeln meiner Beine? Denali – „der Hohe“, wie die Einheimischen in Alaska den Mount McKinley nennen, ist 6194m hoch. In dieser Höhe ist die Luft tatsächlich dünner. Ich habe mich beim Gehen noch nie so angestrengt! Wie klein und schwach ich mich hier oben fühle, umgeben von den gewaltigen Dimensionen einer eiszeitlichen Landschaft...“

Aufgewachsen im bayrischen Inntal, war ich schon als Kind sehr viel in den Bergen unterwegs. Mit 14 bekam ich zu Weihnachten meine ersten Tourenski – und in jenem Winter begann meine große Leidenschaft zum Skibergsteigen. Meine liebste Jahreszeit war seit jeher der Winter. Der Schnee lässt die Natur sauber und unberührt erscheinen. Nur im Winter kann man in den Alpen manchmal unverspurtes Gelände erleben. Skifahren wird meiner Meinung erst abseits der Pisten zum Bergerlebnis. Während meines Studiums in Innsbruck waren meine Tourenski meist von Oktober bis Ende Juni im Dauereinsatz.

Der Blick von Gipfeln auf ein Wolkenmeer im Tal erinnerte mich jedes Mal an eine eiszeitliche Landschaft – so ähnlich musste es ausgesehen haben, als Europa flächendeckend

vergletschert war. Statt eines Wolkenmeers eben Gletscherflächen. Schon lange träumte ich von „Ferien in der Eiszeit" und wünschte mir das Rad der Erdzeitgeschichte 20000 oder 30000 Jahre zurückdrehen zu können. Eiszeit herrscht heute noch in vielen Gebieten der Arktis. Um also meine Tagträume verwirklichen zu können, erschien deshalb der Norden genau das richtige Reiseziel zu sein. Vielleicht kann ich hiermit einen weiteren Grund für meine Begeisterung für das ewige Eis des Hohen Nordens erklären.

Der höchste Berg Nordamerikas, bei den Ureinwohnern Denali, „der Hohe", genannt oder besser bekannt als Mount McKinley, stand schon seit langem ganz oben auf meiner Gipfelwunschliste. Alaska zu bereisen war ein langjähriges Ziel und dies mit einer langen, anspruchsvollen Bergtour zu verbinden, erschien mir genau das Richtige.

An einem grauen und nassen Novembertag traf ich mich mit Luggi, einem Freund, mit dem ich gemeinsam viele Bergtouren und sogar einige Reisen in die Arktis unternommen hatte. Eher zufällig kam das Thema Alaska ins Gespräch – und beide waren wir begeistert von dem Gedanken, uns an dem 6194m hohen Gipfel des Mount McKinley zu versuchen. Wir machten noch am selben Nachmittag „Nägel mit Köpfen". Nach drei, vier Telefonaten stand unsere Gruppe fest: Wir waren zu viert. Für die Nationalpark-Behörde in Alaska benötigten wir für unsere kleine, selber organisierte „Expedition" noch einen Namen. Wir tauften sie **„Baynora".** Jojo und ich – zwei **Bay**ern,

*Rechts: Den Kahiltna-Gletscher hinauf.*

Svein Håvard – ein **Nor**weger und Luggi Beer aus dem Salzburger Pinzgau, **A**ustria. Wir waren ein eingespieltes Team, ergänzten uns wunderbar und waren obendrein noch gute Freunde: Beste Voraussetzungen also für eine solche Unternehmung.

Bis Anfang Mai vergingen die Wochen schnell. Jojo und ich bereiteten uns ausgiebig in den Westalpen vor. Mit Ski und Zelt waren wir unterwegs in den 4000ern des Wallis. Wir fühlten uns höhentauglich und fit und waren gespannt auf Alaska!

Herrlichstes Wetter empfing uns in Talkeetna, dem Ausgangspunkt für ein Besteigung des Mt. McKinley. Früh morgens kamen wir dort recht müde nach über 22 Stunden Flugreise an. Bald waren die letzten Formalitäten und Erledigungen getätigt. Noch am selben Nachmittag zwängten wir uns zwischen Ski und

Rucksäcke in zwei einmotorige Cessnas, die uns ins Basislager fliegen sollten. Die Propeller starteten und los! Wir flogen tief über die Wälder der Taiga, die Anfang Mai noch verschneit unter uns vorüberzogen. Wir nahmen Kurs auf das 100 Kilometer entfernte Denali–Massiv. Sicher landeten die Piloten ihre Maschinen auf der Schneepiste des Kahiltna–Gletschers auf ca. 2200m Seehöhe.

Am darauffolgenden Tag verteilte jeder von uns seine 60 bis 70kg schwere Ausrüstung auf Plastikschlitten und Rucksack. Und nun konnte es endlich richtig losgehen! Bei herrlichstem Wetter und „schweißtreibenden" Temperaturen (um den Gefrierpunkt) begann unsere lange Skitour. Aber es sollte nicht so „warm" bleiben. Kaum war die Sonne abends hinter einem Berg verschwunden, sank die Quecksilbersäule weit unter –25° bis –30° Celsius. Wir waren alle gut

und auch einige Fachliteratur gewälzt. Auch waren wir mit Medikamenten für höhenbedingte Erkrankungen recht gut ausgerüstet. Und wir ignorierten, dass auf Grund der Lage des arktischen Berges (nur knapp südlich des Polarkreises) die Atmosphäre und damit die Luft um einiges dünner ist als in den gewohnten Alpen. So entspricht eine Höhe von 3500m in Alaska einer Höhe von über 4000m in den Alpen. Schon am dritten Tag sollten wir eine schmerzhafte Lektion lernen. Einer von uns bekam ein Lungenödem (ein lebensbedrohlicher Zustand, bei dem sich Wasser in der Lunge ansammelt). Dies war ein Schock für unsere kleine Gruppe. Wir mussten sofort auf eine niedrigere Höhe absteigen. Am gleichen Tag nahmen wir Hans, einen Bergsteiger

trainiert und nicht nur durch das wunderbare Wetter hoch motiviert. Unsere Motivation, das günstige Wetter, unsere vermeintlich gute Kondition ließen uns leichtsinnig werden. Wir gaben uns auf den mittleren Höhen (2000 bis 3000m) zu wenig Zeit zur Akklimatisation, vergaßen obendrein die Zeitumstellung von über 12 Stunden. Wir hatten zuvor von höhenerfahrenen Bergsteigern Ratschläge bekommen

aus einer Tiroler Gruppe in einem unserer Zelte auf, der ebenfalls an einem Lungenödem laborierte. Er war leider von seinen Kameraden im Stich gelassen worden. Nach einigen Ruhetagen und intensiver Medikation erholten sich die beiden Erkrankten glücklicherweise so weit, dass an einen Wiederaufstieg zu denken war. Der Tiroler schloss sich gemeinsam mit einem Freund unserer Gruppe an. Nun waren wir

*Blick vom Gipfel des Mt. McKinley, 6194 m*

plötzlich zu sechst, was aber kein Nachteil sein sollte.

So schnell konnte sich also das Blatt wenden! Nun war es unser Hauptziel, gemeinsam und gesund am Berg zu bleiben. War es doch anfangs allein der Gipfelsturm, der bei uns zu zählen schien. Jedoch schloss das eine das andere nicht aus, und unsere Bemühungen sollten dementsprechend belohnt werden.

Am elften Tag unserer Expedition versuchten wir uns an der Gipfeletappe – zu sechst, gemeinsam mit den beiden Tirolern. Das Wetter war uns wohl gesonnen: Tiefblauer Himmel bei knapp –30°C und zeitweise recht böigem Wind. Vom Hochlager auf 5300m waren es noch knapp 900 Höhenmeter bis zum höchsten Punkt. In der Höhe gab es nur ein langsames Vorankommen. Jeder Höhenmeter über 6000m wurde zur

Schwerstarbeit. Und doch schafften wir es alle. Am späten Nachmittag des 18. Mai standen wir sechs am höchsten Punkt. Wir umarmten uns und waren erfüllt von einem tiefen Glücksgefühl. Gemeinsam, trotz vorangegangenem Lungenödem zweier Kameraden, standen wir nun tatsächlich auf dem lang erträumten Gipfel! Rund um uns blickten wir auf die endlos erscheinende wolkenverzierte Weite Alaskas.

Tim, ein Bergsteiger aus Alaska, den wir nach dem Abstieg trafen, bezeichnete unsere Tour sehr treffend: *„Your trip was very successful: You made the summit, you rescued someone and you had a* <u>*lot of fun!*</u>

Ja, sehr glücklich und zufrieden kehrten wir heim. Wir hatten Anfang Mai Europa als vier Freunde verlassen und kehrten als sechs bessere Freunde nach unserem Gipfelerfolg wieder nach Hause. Ganz im Kontrast zu der Tiroler Gruppe, die kurz vor uns zu sechst ihre Unternehmung begonnen hatte, und nur zu dritt heimkehrten. Nachdem Hans und sein Zeltpartner Peter sich uns angeschlossen hatten, war die Tiroler Gruppe nur noch zu viert. Während des Abstiegs vom Gipfel stolperte einer der restlichen vier. Er hatte Glück im Unglück: Nach einem 200 m langen Absturz über ein steiles Schneefeld auf ca. 5600m unterhalb des sog. Denali–Passes, hatte er sich eine schwere Knie– und Gesichtsverletzung zugezogen. Zur selben Zeit befanden sich Parkranger in der Nähe. Per Funk konnte eine Rettungsaktion gestartet werden. Zudem herrschte Flugwetter, so dass der Verunglückte per Hubschrauber ausgeflogen werden konnte. Beides, Funkverbindung und günstige Wetterbedingungen sind auf dieser Höhe nicht selbstverständlich!

Für uns war diese Geschichte eine tragische Erkenntnis, die wir eigentlich nur aus Erzählungen von Besteigungen im Himalaja her kannten: Offensichtlich können sich Bergdramen und Kameradschaftstragödien auch schon auf „niedrigeren" Bergen ereignen. So dürfen nicht nur Fehler in der Ausrüstung und Vorbereitung unterlaufen – Dinge, die offensichtliche Konsequenzen haben können – es müssen auch die menschlichen Rahmenbedingungen passen. Eine Gruppe, die Freude am Berg erleben möchte und gesund wieder heimkehren will, sollte akzeptieren, dass die Gemeinschaft nur so stark wie das schwächste Mitglied ist. Freundschaft und Vertrauen sind letztendlich ausschlaggebend für schöne Stunden am Berg. Der Gipfelerfolg tritt dann in den Hintergrund. Der höchste Punkt am Berg mag der Gipfel sein. Der Höhepunkt einer Reise ist später allerdings die Erinnerung an eine gemeinsame glückliche Zeit.

*Beim Abstieg*

# Ostgrönland – unterwegs mit dem Seekajak in seiner ursprünglichen Heimat

Kurt und sein Freund Bernhard sind seit Jahren begeisterte Wildwasserpaddler. Es lag nun auf der Hand, einmal dem Wunsch nachzugeben, zu den Wurzeln des Kajaks, diesem einzigartigen Wasserfahrzeug, zu reisen. Gesagt, getan: zu Hause bei Kurt zimmerten sie eine große Holzkiste, in der zwei Seekajaks samt Proviant und Ausrüstung für einige Wochen Platz hatten. Diese Kiste sandten sie per Schiff nach Ostgrönland, während Kurt und Bernhard später im Juli mit dem Flugzeug aufbrachen, um die Ostküste Grönlands in der Gegend um Ammassalik mit dem Seekajak zu erkunden.

Die Boote hatten den langen Transport glücklicherweise unbeschadet überstanden. Es sollten aber noch einige Tage vergehen, bis alles sortiert, letzte Erledigungen getätigt und die Kajaks schließlich bepackt waren. Die erste Ausfahrt mit den beladenen Booten diente dem Training. Ungewohnt, plötzlich nicht mehr mit einem spritzigen und wendigen Spielboot unterwegs zu sein, sondern in einem schweren „Dampfer" manövrieren zu müssen! Als sie endlich aufbrachen, ließen die Eindrücke der malerischen Fjordlandschaft, die türkisfarbenen Eisschollen und die einsamen Bergketten, die sich in dem Wasser spiegelten, die anfänglichen Sorgen schnell vergessen.

Anfang Juli hatte der Winter sich bei weitem noch nicht verabschiedet. Der Fjord am Ausgangspunkt ihrer Reise hatte sich über

Nacht mit Treibeis gefüllt. Kurt und Bernhard mussten bei äußerst widrigen Verhältnissen aufbrechen. Mit sehr viel Respekt – und auch ein wenig Angst – setzten sie die ersten Paddelschläge in grönländische Gewässer. Es war Schwerstarbeit, sich langsam mit dem Kajak durch schwere Eisbrocken eine Furt zu bahnen. Die Eisschollen besetzten immer dichter das tiefblaue eisige Wasser. Schlussendlich saßen die beiden fest! Mit Eispickeln zogen sich Kurt und Bernhard aufs Eis hinauf, um die Lage neu zu besprechen. Es gab nur eine Lösung für ein Weiterkommen: Wie eingespannte Ochsen zogen sie jetzt die schwer beladenen Kajaks Meter um Meter vorwärts, abwechselnd mit kurzen Paddelstrecken auf engen Wasserstraßen zwischendrin. Den Weg bestimmten fortan die Eisschollen. Wie angenehm, die 100 Kilo – Boote anstatt zu ziehen, hie und da doch paddeln zu können! Bizarre Eisriesen waren vor der Küste im Packeis eingeschlossen, und der Himmel leuchtete stahlblau. Wenigstens das Wetter war ihnen gnädig!

Endlich lichtete sich das Eistrümmerfeld, und vor ihnen lag plötzlich ein glatter, ruhiger, arktischer Fjord. In mystischem Abendlicht erreichten die zwei eine Insel. Ein paar Steingräber erinnerten noch an eine frühere Besiedelung, einige unbewohnte Hütten hatten unter Wind und Wetter gelitten. Die Schneeschmelze gab halbverweste Robbenfelle frei, deren Gestank sich zwischen den Hütten verbreitete. Abseits, in der Nähe des Strandes, schlugen die beiden ein Lager auf. Nun kochten und speisten die zwei erst einmal ausgiebig. Endlich dem Körper eine warme Mahlzeit zuführen – Höhepunkt an Tagen voll harter Arbeit.

Kaum waren Kurt und Bernhard am nächsten Morgen wieder unterwegs, tauchten neugierig zwei Robben neben ihnen auf und schwammen ohne Scheu unter den Kajaks hindurch. Sie beneideten die Tiere um ihre Fähigkeit, Eisbarrieren einfach unter Wasser zu umgehen. Diesmal kamen sie leichter voran, denn weniger Treibeis lag vor ihnen. In der Gegend, in der sie unterwegs waren, gab es Eisberge jeder Größe. Man nimmt lieber Abstand zu diesen Brocken, können sie sich doch ohne Vorwarnung drehen und zerbrechen. Kein Eisberg gleicht dem anderen – es sind alternde, schrumpfende Individuen – Abkömmlinge unzähliger Gletscher Grönlands. Es gibt kaum eine Farbe, die das Eis im Verlauf eines Tages nicht annehmen könnte – eine bezaubernde Welt für sich.

Einige Tage später erreichten Kurt und Bernhard eine kleine Meeresbucht und errichteten dort ein Lager. Von hier stiegen die zwei zu den Ausläufern des Inlandeises auf. Zwei Drittel der gesamten Fläche Grönlands, der größten Insel der Erde, ist mit dem kalten Panzer ewigen Eises bedeckt. Viele Menschen fasziniert dieser gefrorene, weiße Ozean.

Die beiden hatten natürlich auch Bergstiefel und Steigeisen in ihrem Kajak. Der Aufstieg über unzählige Gletscherbäche, kalte, milchige Wasserläufe, war beschwerlich und verlangte höchste Konzentration. Ein Bad im eiskalten Wasser wollten sie lieber vermeiden. Knietief versanken die zwei im matschigen Altschnee. In Schweiß gebadet, erreichten sie einen brüchigen, namenlosen Vorgipfel. Spalten über Spalten, wohin man blickte – wie die zu Eis erstarrte Brandung des Gletscherozeans. Hunderte Kilometer lockende, gefrorene Weite lagen

*Das Packeis verhindert das Weiterkommen*

nun vor ihnen, auf eigene Art Angst einflößend und doch von seltener Schönheit. „*Ich kann es kaum glauben, dass wir hier sind und nun, da es Wirklichkeit ist, ist dies hier unglaublicher, als ich es mir je ausgemalt hätte! Alles Überflüssige ist aus dieser Welt entfernt. Die Weite liefert einem einen neuen Maßstab. Das Alltägliche wird so unwichtig. Was zählt, ist nur noch die Natur.*"

Zurück im Kajak sitzend, ging es für Kurt und Bernhard schließlich im Zickzackkurs weiter. Kabbelige See und starke Strömungen erschwerten ein Vorankommen. Vor ihnen lag eine Fjordlandschaft von seltener Schönheit, eingerahmt von Granitgestein und einer Naturkulisse aus Eis und Schnee. Der nächste Lagerplatz inmitten eines eiszeitlichen Seitentals war ein ganz besonderer: Vom Gletscher stürzte ein Wildbach herab, der wunderbares Trinkwasser spendete. Die im Abendlicht sich färbenden Gipfel spiegelten sich im Meer wieder. Später näherte sich nervös ein ausgemergelter Polarfuchs, der den wohlriechenden Düften von Kurts Küche nicht widerstehen konnte, und zog seine Kreise rund ums Camp. Wenige Höhenmeter vom Lager entfernt, lud eine griffige Granitwand zur mitternächtlichen Kletterei ein, während man im abendlichen Gegenlicht weit weg einige Häusersilhouetten der kleinen Ortschaft Tiniteqilaq erkennen konnte.

Später am Abend näherten sich zwei ältere Jäger in einem Boot. Die zwei Inuit versuchten, sich mit Kurt und Bernhard mit Händen und Füßen zu verständigen. Inuktitut, die Sprache der Einheimischen, verstanden die zwei Europäer beim besten Willen nicht. Es besteht sogar zwischen Ost- und Westgrönländern eine sprachliche Barriere. Die beiden Sprachen äh-

*Lagerleben im sommerlichen Grönland.*

neln oder unterscheiden sich wie beispielsweise Deutsch und Holländisch. Als spontane gastfreundliche Geste schenkten die Jäger ihnen einen Lachs. Oft begegneten die Paddler sehr freundlichen Einheimischen, die neugierig ihre Kunststoffkajaks beäugten.

Im Lager sitzend, umhüllte eine schwarze Wolke voller Stechmücken Kurt und Bernhard. Sie wussten sich zu helfen und entfachten ein großes Lagerfeuer, um diesen ungeladenen Schwarm zu vertreiben. Die beiden saßen noch eine Weile, nippten an ihrem Kaffee und sahen dem Farbenspiel der untergehenden Sonne zu, bevor sie spät in der mitternächtlichen Dämmerung den Reißverschluss ihrer Schlafsäcke zuzogen.

Die nächste Etappe, die Querung des Sermilik Fjords, stellte ein große Herausforderung dar. Es wurde eine stürmische Überfahrt, und in der Mitte des Fjordes schien eine nicht enden wollende Eiskante den Weiterweg zu versperren. Die Eismassen bewegten sich langsam knirschend, gurgelnd und knarrend auf und ab. Im Treibeis setzten sich die Wellen des Meers fort. Kurt und Bernhard hatte keine Alternative, sie mussten diese Barriere überqueren. Wieder begann eine mühsame Plackerei, das Kajak abwechselnd übers Eis zu ziehen und dann wieder durch enge Wasserstrassen kleine Distanzen zu paddeln. Oft war das Eis nur wenige Zentimeter dick, zu brüchig, um auszusteigen

und das Boot zu ziehen. Mit bloßen Händen schoben sie sich teilweise mühsam vorwärts. Bernhard meinte damals: *„Wenn uns jetzt jemand zusehen könnte, würde man uns mit Recht für verrückt erklären!"* Doch auch diese schlimme Passage hatte ein Ende, und unerwartet öffnete sich für die beiden eine eisfreie Straße. Von nun an kamen sie mit regelmäßigen Paddelschlägen weiter und konnten allein das Geräusch der Bugwelle ihres Kajaks genießen. In 6 Stunden hatten sie ca. 40km geschafft! Ihr Körper hatte sich wirklich eine Pause verdient. Auf einer rund geschliffenen Eisberginsel rasteten sie. Während der Brotzeit auf der Eisscholle frischte der Wind auf, und Wolken trieben vom Fjord aufs offene Meer. In nördlichen Gefilden ist es immer wieder überraschend, wie schnell das Wetter umschlagen kann. Die ersten Regentropfen fielen und vereinzelt sogar nasse Schneeflocken. Schnell packten die beiden zusammen und wollten zum Festland aufbrechen. Von Minute zu Minute zeigte sich das Wetter unfreundlicher. Gegenwind blies ihnen kräftig ins Gesicht und drückte den Bug vom Kurs ab. Kurz nach dem Ablegen krachte es hinter den zweien. Sie blickten zurück und sahen nur noch die Überbleibsel ihrer kleinen Eisberginsel. Da hatten sie aber Glück gehabt! Das hätte auch anders ausgehen können!

Der ablandige Wind peitschte aufs Wasser und ließ die Wellen gefährlich anschwellen. Eine anstrengende Paddelstrecke lag noch vor ihnen, und das Anlanden bei diesem Seegang versprach auch nicht leicht zu werden. Das felsige Ufer der Insel Amanga erlaubte keine Fehler, es war ein Manöver, das den Puls in die Höhe trieb. Doch alles verlief gut. Kurt und Bernhard saßen schließlich auf dieser Insel bei äußerst stürmischem Wetter für die nächsten Tage fest.

Es vergingen drei Tage, bis sich Wetter und Meer beruhigt hatten und die zwei Paddler bei

wolkig – nebligem Himmel wieder in See stachen. Es bedeutete immer noch einen Kraftakt, das Kajak zu bepacken. Der Proviant wollte nicht an Volumen abnehmen und benötigte den meisten Platz, obwohl sie schon länger unterwegs waren. Sie verstauten die Tagesration für die Pausen, Trinkflasche und Signalraketen in erreichbarer Nähe. Kompass, Karten und ein GPS erleichterten die Orientierung, doch der dichter werdende Nebel verhieß nichts gutes, denn dieser nahm ihnen auch die Sicht auf Eisberge. Nach fünf Stunden blinder Navigation näherten sie sich dem Festland. Die Nebelschwaden wurden dünner, doch es reichten wenige Meter dicker Seenebel, um zwar über sich den blauen Himmel zu erahnen, doch immer noch im „Dunkeln" zu tappen. Plötzlich tauchte neben ihnen ein grauschwarzes gigantisches Wesen auf – ein Wal! Ein lauter, tiefer Atemzug – und gleichzeitig zeigte er elegant seinen Rücken. Kurt und Bernhard konnten ihn zeitweise nur anhand seines regelmäßigen Prustens orten. Solche Begegnungen sind selten und von einzigartiger Bedeutung, mit der Natur auf du und du! Wie zerbrechlich doch zwei Paddler auf dem Meer sind, begegnet man solch einem Tier! Kurt vergaß anfangs sogar zu fotografieren! Es war den zwei Paddlern vergönnt, einige Minuten die Begleitung dieses großen Finwales zu erleben. Solche Erlebnisse rechtfertigten jede Anstrengung der vergangenen Wochen.

Kurt und Bernhard befanden sich kurz vor Isertoq, dem nächsten Etappenziel. Wieder nahm der Wind an Stärke zu. Es war äußerst Respekt einflößend, wenn die Gischt über einzelne Eisschollen schwappte und Wellen sich an Eisbergen brachen. Als Kajakfahrer ist man

*Der Finwal zeigt nur seine Rückenflosse.*

unmittelbar auf gleicher Höhe mit dem Treibeis – da heißt es aufpassen. Frostiges Spritzwasser ließ die Finger vor Kälte erstarren. Kraftlos war der Griff ums Paddel. Doch sie mussten weiter. Das letzte Kap war umrundet, und sie erkannten die Inseln rund um Isertoq. Welch eine Erleichterung! Das Wasser hatte sich beruhigt, und Sonnenstrahlen hatten sich gegen den Seenebel durchgesetzt. Welch Wohltat nach den vergangenen Stunden! Müll an der Küste, wildes Hundegebell und verschiedenste Gerüche wiesen ihnen den Weg zur Siedlung. Unweit des Hafens verrottete ein altes Walskelett – der Gestank war unerträglich. Solche Kontraste sind wohl wirklich nur in Grönland möglich!

Kurt und Bernhard hungerten nach einem ruhigen Plätzchen, am besten in einem Wiesenbett, um sich von den Strapazen der vergangenen Stunden in der Sonne erholen zu können. Auf einer vorgelagerten Insel unweit von Isertoq war ihnen dies auch vergönnt: Blick aufs Meer und langsam vorbeiziehende Eisberge! Es war ein Tag, an dem die Arktis mit all ihrer Faszination aufwartete.

Der Rückweg von Isertoq nach Ammassalik verlief reibungslos. Kurt und Bernhard hatten insgesamt etwa 500 km Paddelstrecke zurückgelegt, bis sie ihren Ausgangspunkt nach einer unbeschreiblich schönen und abwechslungsreichen Reise erreichten.

*Das Walskelett am Hafen von Isertorq.*

*Dorsch wird getrocknet.*

# Schweizerland - mit Ski unterwegs in den Bergen Ostgrönlands

*Der winterliche Hafen von Tasiilaq.*

Nein, nach Ischgl, London und Berlin stand nicht Grönland auf dem Tournee-Programm des Popstars! Um so überraschter waren wir also, als wir eine Schar kleiner Kinder in der grönländischen Jäger- und Fischersiedlung Kuummiit „Heeeey Baby...“ singen hörten! Sogar hier kannte man modernste Seifenblasen-Hits der westlichen Welt! Wir waren in der kleinen Ortschaft an der grönländischen Ostküste im Distrikt Ammassalik angekommen. In Kuummiit, wie auch in vielen anderen grönländischen Siedlungen an der Ostküste, herrscht ein Leben zwischen Moderne und Tradition. Leider haben die meisten Menschen hier den Sprung von einer alten Jagdkultur in die westliche „Zivilisation“ nur teilweise verkraftet. Trotz

*Robbenspeck.*

60

*Tasiilaq ist die Hauptsiedlung des Distrikt's Ammassalik.*

aller Probleme, die ein solcher Wandel innerhalb der letzten hundert Jahre mit sich gebracht hat, haben die Kinder das Lachen nicht verlernt. Und Kinder gibt es hier genug! Kuummiut zählt ca. 900 Einwohner – davon 600 unter 16 Jahren! Viele Mädchen werden schon mit 14 oder 15 Jahren das erste Mal schwanger. Die meisten Familien haben 6, 8, oder noch mehr Kinder. Oft werden dann die Babys der jungen Mädchen von ihren Müttern, d.h. eigentlich den Großmüttern der Säuglinge aufgezogen. Jene sind meist nicht älter als Mitte / Ende Dreißig. Es herrscht soziales Chaos – Bedingungen die wir uns als Mitteleuropäer nur äußerst schwer vorstellen können.

Mitte April 2002 begann unsere Reise in Ostgrönland. Hier herrschen wirklich eigene Gesetze, mit denen wir noch so einige Erfahrung machen sollten. Aber zunächst zu unserer bunt gemischten Gruppe, die aus sechs Salzburgern, drei Tirolern und einem Bayern bestand: Anfänglich hatte ich Bedenken, in einer so großen Gruppe, die sich nur zum Teil vorher kannte, in dieser abgelegenen arktischen Gegend drei Wochen unterwegs zu sein. Doch schon bald stellte sich heraus, dass wir uns alle sehr gut ergänzten und die Gruppe in jeglicher Hinsicht ausgeglichen war. Von jedem der Teilnehmer konnte man etwas lernen, und jeder einzelne trug schließlich wesentlich zum Gelingen des Unternehmens bei.

Unser Ziel waren die Berge des „Schweizerlandes" an der Küste Ost-

grönlands, unmittelbar am Polarkreis gelegen. An der Erforschung dieses Gebirgszuges war eine Schweizer Expedition in den 30er Jahren des 20. Jahrhunderts maßgeblich beteiligt gewesen, die der Gegend schließlich den Namen gab. Heute erreicht man dieses Gebiet über Island. Kulusuk, die Insel mit einem Flugplatz, wird zweimal pro Woche von einem Linienflugzeug angeflogen. Von dort kann man nur noch

*Blick auf den Ammassalik-Fjord mit Kulusuk (rechts)*

per Helikopter oder im Sommer per Schiff die Reise fortsetzen. Wir charterten einen Hubschrauber, um in die 60 km entfernte Siedlung Kuummiit zu gelangen.

*Kaarali Gletscher mit Rytterknaegten im Hintergrund.*

Kurz nach unserer Landung in Kuummiit packten wir unsere gesamte Ausrüstung und Verpflegung für die kommenden drei Wochen am Ortsrand aus, wobei wir von ca. 70 Dorfkindern umringt und begutachtet wurden. Begeistert betrachteten sie unsere Zelte und Kocher, spielten mit unseren Eispickel und Schaufeln. Innerhalb kürzester Zeit bauten einige Kinder gemeinsam ein Iglu, andere schaufelten im T-Shirt bei einigen Minusgraden Schneeburgen, testeten unsere Ski oder sangen Hits der europäischen Pop-Charts! Unser Besuch wurde zur Attraktion. Mit Skepsis beobachtete ich das Treiben und hatte ehrlich gesagt Bedenken, dass am Ende ein paar Dinge fehlen würden. Doch ich sollte mich täuschen. Bis spät am Abend blieben viele Kinder an unserem Lagerplatz und leisteten uns Gesellschaft.

Am nächsten Tag begannen wir unsere lange Skitour. Zuvor konnte ich mir mit ein bisschen Glück von einem Jäger in der Ortschaft einen Schlittenhund ausleihen. Dieser würde uns nachts vor einem möglichen Eisbärenbesuch warnen, waren wir doch einige Zeit in Küstennähe unterwegs. Außerdem stellte er eine wunderbare Begleitung dar und wuchs bald allen Teilnehmern sehr ans Herz.

Unser Gepäck hatten wir auf Zugschlitten (sog. Pulkas) gepackt. So zog unsere kleine Karawane im Gänsemarsch los. Nach ein paar Stunden Sonnenschein bewölkte sich der Himmel und abends begann es zu schneien. Zunächst führte unser Weg über Fjorde zu einem Flussdelta. Am nächsten Tag erreichten wir im Nebel einen flach ansteigenden Gletscher. Spä-

*Endlose Weite! - Norske Skar*

*Unser Grönlandhund hat sich losgerissen und folgt unserer Spur auf den Gipfel.*

*Kaarali - Base Camp*

ter mussten wir eine lange, schräg abfallende Querung oberhalb eines Gletschersees bewältigen. Unsere Schlitten folgten der Schwerkraft, nicht unbedingt unserem Willen..... Nach über 12 Stunden kamen wir zur Tasiilaq-Fjell Hütte, der einzigen Selbstversorgerhütte im Schweizerland. Das war nur ein Etappenziel und gleichzeitig die Gelegenheit, das schlechte Wetter der kommenden Tage komfortabel abzuwarten.

Nach drei Tagen Wind, Schneefall und viel Nebel begrüßte uns die Sonne am stahlblauen, wolkenlosen Himmel bei etwa – 15°C. Schon bald fingen wir an, in der Sonne beim Gehen zu schwitzen – nur ein leichter Wind erinnerte uns an die arktische Lufttemperatur. Wir mussten durch 20 bis 30cm herrlich trockenen Pulverschnee spuren. Obwohl es mit dem Schlitten im Schlepptau anstrengend war, berauschten die unberührten und glitzernden Gletscherflächen. Welch ein Hochgenuss!

Am Kaarali-Becken kommen unzählige kleine und große Gletscher zusammen. Hier schlugen wir unser Zeltlager auf und verbrachten die kommenden Tage. Wir verwendeten besondere Ski: Sie ähnelten Langlaufski mit einem Schuppenschliff, waren jedoch so breit wie Alpinski und eigneten sich bestens für die-

ses Terrain. Sie ermöglichten ein wunderbares Gleiten und schnelles Vorankommen auf dem sanft ansteigenden Gelände. Felle zum Bewältigen von steileren Passagen waren natürlich auch mit dabei. Bei der Abfahrt bremste der Kronenschliff kaum, da die Skispannung eine größere Reibung auf dem Schnee verhinderte. Unsere Ausrüstung war perfekt. Dazu herrschten durchwegs beste Schneeverhältnisse. Wir hatten fast täglich stiebenden und perfekten Pulverschnee. Wir alle

*Mit Fischerbooten erreichen wir kurz vor dem Sturm Kulusuk.*

waren begeistert und genossen diese wunderbare Zeit im Schweizerland – außer uns war zu dieser Zeit keiner hier unterwegs. Nach einigen Tagen zogen sternförmig in sämtliche Himmelsrichtungen von unserem Basislager Skispuren weg. Als wir schließlich wieder in die Zivilisation aufbrachen, erinnerte uns jede einzelne Spur an einmalige Touren.

Zurück in Kuummiut, erwarteten uns Tage

*Rechts: Abendstimmung in Tasiilaq mit Polhems Field im Hintergrund.*

der besonderen Art. Anders als geplant, konnten wir nicht mit dem Hubschrauber nach Kulusuk transportiert werden, von wo wir weiter nach Island fliegen wollten. Innerhalb kürzester Zeit mussten wir also ein Fischerboot organisieren, welches uns nach Kulusuk bringen sollte. Außerdem wurde das Wetter zunehmend schlechter. Glücklicherweise ließen die Eisverhältnisse eine Bootsfahrt zu. Nach einigem Verhandeln gelang es, zwei Fischer zu überreden, uns gemeinsam mit unserem Gepäck zu befördern. Doch sollten wir in Kulusuk erst mit einer Woche Verspätung in Richtung Island abheben. Schlechtes Wetter, Schneesturm und der folgende schlechte Zustand der Landebahn (Schotterpiste) verhinderten jeden Flug. Später war das Wetter zwar gut, doch mittags legte sich Seenebel über den Flughafen. Die isländische Fluggesellschaft schickte aber genau zu diesem Zeitpunkt ein Flugzeug nach Kulusuk. An vier aufeinander folgenden Tagen musste der Flieger nach einigen Warteschleifen ohne Landung wieder nach Reykjavik zurückkehren. So verbrachten wir 8 Tage auf unsere Heimreise wartend am Flughafen Kulusuk: Einchecken, warten, lesen, Karten spielen, warten, auschecken. Diese Zeit wird uns sicher lange im Gedächtnis bleiben! Doch gleichzeitig schweißte das gemeinsame Schicksal zusammen und lehrte uns so manche Lektion. Unser Anspruchdenken der westlichen Welt gelangte schnell an seine Grenzen. Heute denke ich mit einem Lächeln an diese spezielle Woche des Wartens zurück. Nach den herrlichen Tagen im Schweizerland wurde uns eine Zeit aufgezwungen, in der wir Geduld üben mussten, gleichzeitig die wunderbaren Erlebnisse verarbeiten und im gemeinsamen Gespräch so manche Erfahrung teilen konnten.

# Rund um Ammassalik

Wenige Wochen vor unserer Tour in den Bergen des Schweizerlands waren Kurt und Herbert ganz in der Nähe an der Küste unterwegs. Sie erkundeten die Umgebung rund um den Ammassalik-Fjord mit Ski, Pulka und zwei Schlittenhunden. Ammassalik ist ein großer Distrikt in Ostgrönland, dessen Hauptsiedlung Tasiilaq heißt und oft ungenau als Ammassalik oder Angmassalik bezeichnet wird. Zu dem Distrikt zählen außerdem die Ortschaften Kulusuk, Kuummiit, Tiniteqilaaq und Isertoq. Doch im Gegensatz zu den traumhaften Wetter- und Schneebedingungen während unserer Tour, hatten Kurt und Herbert weniger Glück.

### Auszug aus Kurts Tagebuch vom 18. März :

*Von allen Seiten bläst mir der Wind nasse Schneeflocken ins Gesicht. Mein Grönlandhund Zico, ein starker Schlittenhund, kann kaum Herberts Spur folgen. „White-out" nennt man im Norden das diffuse Licht im Nebel, bei dem man keinen Horizont und keine Konturen im Schnee erkennen kann. Das endlos erscheinende Weiß nimmt einem völlig die Orientierung und jegliches Zeitgefühl. Manchmal muss man sogar aufpassen, dass man nicht stolpert. Man weiß dann oft nicht, ob es bergauf oder bergab geht.*

*Mein Zugschlitten ist schwer und gräbt sich tief in*

*Zico wird angeschirrt.*

*den Neuschnee. Herbert ist verschwunden! Das Schneetreiben hat ihn verschluckt! Ich fange an zu rufen, zu schreien - keine Antwort, nichts! Zico jault und unterstützt mein Gebrüll. Ich feure eine Signalrakete ab, um auf mich aufmerksam zu machen. Außer mir hat wohl kein Mensch diesen Krach gehört, denke ich und fange an, laut zu fluchen. Ich muss weiter, der fast nicht mehr erkennbaren Spur nach!*

*Endlich erreiche ich Herbert und seinen Hund, der in der Tat mein Notsignal vernommen hat. Was für ein glücklicher Moment, ein Augenblick in dem mir die Intensität unserer Freundschaft bewusst wird. Wortlos nicken wir uns zu. Es hat keinen Sinn, weiter zu gehen. Wir haben erst wenige Kilometer seit unserem Aufbruch heute morgen geschafft. Doch hier und in dieser Situation ist Ehrgeiz fehl am Platz. Wir suchen am Ausgang einer schmalen Schlucht einen geeigneten Lagerplatz. Bei diesen Verhältnissen zögern wir nicht lange und akzeptieren die Tatsache, dass wieder einmal das Wetter das Sagen hat.*

*Bei genauerer Betrachtung erscheint der Platz für das Camp perfekt zu sein: Felsige Höhlen zum Kochen und zudem Schutz vor dem stärker werdenden Schneesturm. Wir graben unseren Schlafplatz recht tief und zurren alle Zeltleinen fest. Zur Verankerung dienen uns Ski, Skistöcke, Steigeisen und Klemmkeile. Bevor wir uns in unserer Behausung verkriechen, füttern wir noch rasch die Hunde.*

*Nach unserem Abendessen schlüpfen wir sofort in die Schlafsäcke – doch an Schlaf ist nicht zu denken. Der Wind rüttelt ununterbrochen an unserer Behausung. Angsteinflössend knattert die Zeltplane. Wir schrecken ständig auf. Herbert versucht, im Schneidersitz hockend, die Zeltstangen zu stabilisieren. Zunächst ist mir die Situation ziemlich egal – ich bin einfach nur müde, doch das Getöse lässt keinen Schlaf zu. So unterstütze ich Herbert beim Halten des Gestänges. Die beiden Hunde* schlafen wenigstens. Sie folgen ihrem Instinkt, rollen sich ein und lassen sich einfach zuschneien.

Bis dato wusste ich wenig von Herberts Leben. Ich hatte ihn im Yukon kennengelernt, und als ich einen Partner für diesen Trip suchte, dauerte es nicht lange, ihn dafür zu gewinnen.

Nun sitzen wir hier im Schneidersitz und bangen um unser Zuhause. Manchmal sind die Windböen so stark, dass der Druck auf die Zeltstangen einen im Sitzen fast umwirft. Der Sturm lässt und lässt nicht nach. Wir nehmen unsere Lage mit Humor und unterhalten uns. Während der ganzen Nacht ist das Gesprächsthema Nr. 1, was sonst, - Frauen! Herbert erzählt, zunächst zurückhaltend, von seiner Ehefrau und seinen Kindern zu Hause - wie sehr man etwas liebt, merkt man oft erst in solchen Momenten. Ich habe mich in Herbert getäuscht, jeder Mensch kann sich öffnen, denke ich, als mir dann doch die Augen zu schwer werden.

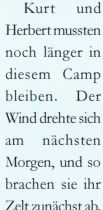

Kurt und Herbert mussten noch länger in diesem Camp bleiben. Der Wind drehte sich am nächsten Morgen, und so brachen sie ihr Zelt zunächst ab. Schneemassen waren über Nacht gefallen und eine gigantische Winddrift hatte riesige Wächten aufgeworfen. Die Hunde waren unter einem dicken Schneepanzer begraben. Nach einer kurzen Pause lebte der Wind wieder auf. Kaum 100 Meter vom alten Lagerplatz errichteten sie abermals ihr Zelt.

### 19. März:

Es vergehen die Stunden, und das Wetter bleibt unverändert stürmisch. Die Erkenntnis, es nicht beeinflussen zu können, stimmt mich trotz allem froh. Das Zelt gibt uns Schutz, wir frieren nicht und wir haben genug zu essen. Ich bin hier draußen einfach glücklich!

# Menschen der Arktis

# Barentssee – mit dem Segelboot von Nordnorwegen nach Spitzbergen

Man kann die Distanz, die man in einem Flugzeug innerhalb von nur wenigen Stunden zurücklegt, nicht auf Anhieb begreifen. Bei einer Flugreise brauchen Geist und Seele oft Tage, manchmal sogar länger als eine Woche, bis sie den eigenen Körper wieder eingeholt haben. Früher, als die Fortbewegungsmittel auf Pferd und Schiff beschränkt waren, musste man sich Entfernungen buchstäblich erarbeiten. Man spürte am eigenen Leib die Strapazen einer Reise, man erlebte jeden Kilometer hautnah. Wenn wir im 21. Jahrhundert aus einem Flugzeug steigen, dann vergessen wir die tatsächlich zurückgelegten Distanzen. Wie in vielen Dingen unseres heutigen westlichen Lebensstils verlieren wir immer mehr den Bezug zur Natur. So auch, was das Begreifen von Entfernungen anbelangt: Wir nehmen die Technik der Transportmittel für selbstverständlich – stellen sie nicht einmal in Frage. Aber wehe, die Technik versagt – wie schnell kann das ganze System in sich zusammenbrechen!

Als mir eines Tages das Angebot gemacht wurde, mit einem Segelschiff nach Spitzbergen zu segeln, war ich überglücklich! In den Vorbereitungen konnte ich meine Kontakte und mein Wissen über Spitzbergen gut einbringen. Die Crew suchte jemanden, der mit der Inselgruppe vertraut war und bei Problemen, wie offizielles Permit (Genehmigung) und Waffen für den Eisbärenschutz etc. Bescheid wusste.

Vor mehreren Jahren hatte ich begonnen, auf kleinen Jollen zu segeln. Segeltouren mit größeren Booten beschränkten sich auf gemeinsame Touren mit einem Freund auf der Nordsee (Cuxhaven – Helgoland und Cuxhaven – Southampton) oder auf der dänischen Ostsee. Ich war also kein absoluter Neuling auf See, doch deshalb noch längst nicht immun gegen Seekrankheit. Die Barentssee, zwischen Polarmeer und norwegischem Nordkap, ist bei Seefahrern bekannt für manch stürmischen Seegang.

Für mich begann die Reise in Tromsø, wo die „Second Life" vor Anker lag. Unzählige Expeditionen in die Polarregionen haben in Tromsø

Lippen zu schmecken und in der gleichmäßigen Dünung zu schaukeln, sobald wir offenes Wasser erreichten! Das sind jedes Mal intensive Momente des Glücks, die Freiheit zu erfahren und aufzubrechen, wohin einen die Winde tragen. Doch bald nahmen meine Träumereien ein jähes Ende. Es sollte eine stürmische Überfahrt werden! Wir mussten sie uns wahrlich verdienen. Am zweiten Tag blies ein kräftiger Sturm aus Nordost – genau in diese Richtig wollten wir! Auf der Höhe der Bäreninsel, die etwa auf halber Strecke zwischen Tromsø und Spitzbergen liegt, bewegten wir uns eher nach Westen, auf Grönland zu, als auf unser Ziel, nach Norden, nach Svalbard (norwegisch: „Kalte Küste"). Nur die größte Insel des Svalbard-Archipels, zwischen 74. und 80. Breitengrad Nord gelegen, trägt eigentlich den Namen Spitzbergen. Unzählige Gletscher, die sich vom Landesinneren ins Meer bewegen, schreckten schon immer die Seefahrer ab. Vor einem halben Jahrtausend wurde Spitzbergen von Walfängern entdeckt. Durchgebeutelt und teils recht seekrank „saßen" wir den Sturm aus, der zum Glück nur einen Tag in seiner vollen Stärke blies.

Als wir am Abend des vierten Tages dann doch endlich Sørkapp-Land (Südspitze Spitzbergens) am Horizont entdeckten, war ich überglücklich. Für mich ist Spitzbergen ein Ort meiner Sehnsüchte geworden. Und hierher zurückzukehren ist fast wie nach Hause kommen. Wir feierten dieses Ereignis mit einem der zahlreichen „Sun-Downer" auf dieser Reise, einem Spezial-Cocktail nach Rezept von Brit, der Frau des Schiffseigners und Skippers.

Nach einem weiteren Tag erreichten wir Longyearbyen, die Hauptsiedlung von Spitzber-

begonnen, also ein „historischer" Eismeerhafen. Wir waren sechs Crewmitglieder, und ich fühlte mich anfangs sehr wohl in der kleinen Gruppe. Am zweiten Abend nach meinr Ankunft in Tromsø liefen wir aus mit Kurs Nord – direkt nach Spitzbergen! Herrlich, den Wind im Gesicht zu spüren, Salzwassertropfen auf meinen

gen. Hier erholten wir uns erstmal von der zehrenden Überfahrt. Auch unser Boot hatte ein paar Reparaturen nötig. Ursprünglich war eine Umrundung Spitzbergens geplant. Dieses Jahr waren die Eisverhältnisse jedoch sehr ungünstig. Eine Zirkumnavigation ist nur ganz selten möglich, da nicht jedes Jahr Pack– und Treibeis die Seewege im Norden und Osten der Insel frei geben. So änderten wir unser Ziel. Unser Skipper Bernd träumte vom 80. Breitengrad. Deshalb nahmen wir einige Tage nach unserer Ankunft Kurs auf dieses abstrakte Ziel, nach Norden. Und auf dem Weg kann man so einiges entdecken! Ich nutzte die Zeit an unseren Ankerplätzen allein oder in Begleitung von Alfons und Ursel, um die Umgebung und die Bergwelt zu entdecken. Eines „Nachts" standen wir zu dritt auf einem wunderschönen Gipfel. Da saßen wir und genossen den Blick auf die uns umgebende Fjordlandschaft. Die Mitternachtssonne schien uns ins Gesicht, als ich die anderen mit einem Bier aus meinem Rucksack überraschte. Momente, die in Erinnerung bleiben. Tags darauf ankerten wir in unmittelbarer Nähe einer Walrosskolonie. Unglaublich, welchen Lärm die Burschen machen! Natürlich ließen wir auch hier unser Beiboot zu Wasser, um uns diese Kolosse von der Nähe anzusehen. Diese Urgestalten mögen sehr unförmig sein und recht stinken – aber sie zeigten bei unserem Besuch ein sehr inniges soziales Leben: Aneinandergekuschelt genossen sie den Mittagsschlaf, mit dem Nachbarn / der Nachbarin im Gleichklang schnarchend.

Wir besuchten auf der Fahrt nach Norden weitere geschichtsträchtige Orte, wie die Amsterdam-Insel. Hier stand vor mehreren hundert Jahren die Walfänger–Stadt „Smeerenburg", wo Wale verarbeitet wurden, die man draußen auf See gejagt und geschlachtet hatte, solange, bis es in den Gewässern um Spitzbergen kaum noch Wale gab. Von der Amsterdam–Insel startete 1897 Samuel André seine unglückliche Ballonfahrt zum Nordpol, von der keiner lebend zurückkehrte.

Irgendwann zwischen 6 und 7 Uhr früh an einem verregneten Morgen im August, Lufttemperatur 3,8°C, war es dann soweit: das GPS zeigte 80° Nord. Wir waren „angekommen", und alle versammelten sich an Deck, während Bernd „Sun–Downer" servierte. Ein eigenartiges und gleichzeitig ein tiefgründiges Ziel. Ich verstand nie gänzlich die Motivation, einen Punkt, eine Position als Höhepunkt anzusehen und als Umkehrpunkt unserer Reise zu wählen.

Ich dachte lange darüber nach. Nicht ein willkürlicher Punkt auf einer Karte, eine abstrakte Position, sondern der Weg muss das Ziel sein! Erst wenn man das tägliche Vorankommen, die ständig neuen Erfahrungen und Eindrücke zu schätzen weiß, werden viele Tage einer Reise zu

einzelnen Höhepunkten und somit zu einer gelungen Reise. So ist es doch auch im Leben: Es geht nicht darum, den Mount Everest zu besteigen oder Bundeskanzler zu werden, um glücklich sterben zu können! Wer viele einzelne Tage, Jahre und Lebensabschnitte zu Höhepunkten macht, kann am Ende vielleicht sagen, er habe sein Ziel erreicht, auf ein glückliches und gelungenes Leben zurückblicken zu können.

Während ich so früh morgens am Ruder stehend vor mich hin philosophierte, mit Kurs Süd auf dem Kompass, tauchten neben uns Delfine auf. Eine Familie, bestehend aus 6 oder 8 Tieren. Kaum zu glauben, wie weit im Norden sich diese Tiere herumtreiben! Es machte ihnen sichtlich Spaß, uns ein Stück zu begleiten. Wie Pfeile oder Torpedos schossen sie durchs Wasser und kreuzten ständig unsere Bugwelle. Auch sie waren auf Reisen. Möglicherweise kamen auch sie von 80 Grad Nord und hatten gerade kehrt gemacht? Vielleicht machte sie unsere Begegnung auf hoher See genauso glücklich wie mich!

Wir verbrachten noch mehrere Tage in diesen nördlichen Gewässern, bis ich mich von der Crew und dem Schiff verabschiedete und in Longyearbyen ins Flugzeug stieg, um nach Hause zu fliegen. Für mich war es eine schöne, aber auch lehrreiche Reise. Lehrreich auf der menschlichen Seite – hatte ich doch nie zuvor mit 6 Menschen mit solch verschiedenen Wesenszügen, Bedürfnissen und Sorgen auf so engem Raum erlebt. Aber zum Glück sind Menschen verschieden, sonst träfen sich ja alle zur selben Zeit am selben Ort und hätten das gleiche Ziel. Das wäre nichts für mich!

# Einsame Paddelschläge in der Mitternachtssonne

Zu Beginn der Reise, als Kurt und Bernhard sich gerade auf dem Landeanflug auf Longyearbyen befanden, konnten sie schon vom Flugzeug aus riesige Treibeisfelder in den Fjordarmen erkennen. An Land wechselten sich Schneefelder mit Sümpfen, ab und unzählige Bäche und Flüsse zogen sich durch die weiten Täler. Es war Anfang Juni - noch sehr früh im arktischen Sommer. Der Winter wollte und wollte nicht weichen. Mehrere Tage warteten die beiden in Longyearbyen ab. Das Wetter erinnerte an eine Waschküche – Nebel, Schneefall, Regen und triste, graue Wolken folgten aufeinander. Da kamen Zweifel auf: Welches Urlaubsziel hatten sie sich heuer ausgesucht?!

Ihre Seekajaks hatten sie auch diesmal in eine hölzerne Kiste verpackt und Wochen zuvor auf dem Seeweg in den Hohen Norden verschickt. Wie immer war es spannend, die eigene Ausrüstung nach dem langen Transport zu begutachten. Das meiste war schon in Österreich vorbereitet worden, und nun galt es nur noch Kleinigkeiten zu erledigen. Sie wollten los, hinaus in die Wildnis! Trotz widriger Verhältnisse bepackten sie ihre Boote und brachen am dritten Tag nach ihrer Ankunft in Richtung Tempelfjord und Billefjord auf.

Am 15. Juni 2001 schrieb Kurt in sein Tagebuch:

*Wir sind nun seit mehreren Tagen unterwegs und haben jegliche Zivilisation hinter uns gelassen. Ich habe mich immer noch nicht an die hellen Nächte im Land der Mitternachtssonne gewöhnt! Von Ende April bis Ende August geht die Sonne in Spitzbergen nicht unter. Unser Tagesrhythmus hat sich verselbstständigt – laut Armbanduhr ist es bereits Mittag als wir uns aus unseren Schlafsäcken schälen. Es ist schon eigenartig, plötzlich nicht mehr auf Tageslicht angewiesen zu sein, denn das gibt es hier im Sommer rund um die Uhr. Wir passen unseren Tagesablauf dem Wetter, unseren Kräften und unserer Motivation an. Am Himmel ziehen Wolken im Wind, und heute zeigen sich sogar blaue Löcher. Die See ist sehr rauh und regelmäßig brechen sich die Wellen am eisbedeckten Strand. Bernhard und ich müssen die Boote im Wasser beladen, da es unmöglich ist, die schweren Kajaks über Treibholz und verkeiltes Eis am Strand zu hieven.*

An den meisten Stränden findet man unglaublich viel Holz. In Spitzbergen gibt es außer 10 bis 20 cm hohen Zwergbirken keine Bäume. Das Treibholz stammt aus Sibirien. Dort werden die Stämme kommerziell auf Flüssen geflößt und manche gehen dabei verloren. Dann erfasst sie eine Meeresströmung nach Nordwesten und transportiert das Holz nach Novaja Zemlja, Franz-Josefs-Land oder Spitzbergen. Wie lange wohl so ein sibirischer Stamm unterwegs sein mag!

Noch sind unsere beiden Kajaks überladen. Den meisten Stauraum benötigt der Proviant. Bei den ersten Paddelschlägen bin ich heute recht nervös - schon während der ersten Minuten im Boot sitze ich im flachen Wasser inmitten der Brandung fest. Immer wieder erwischt mich Gischt und schlägt mich zurück ans Ufer. Mit Bernhards Hilfe schaffe ich es endlich raus aufs offene Meer zu kommen. Die Natur meint es heute gut mit uns: Der Wind hört schon bald auf, und die See beruhigt sich. Es dauert nicht lange, und wir schippern auf fast spiegelglattem Wasser. Meine Beklemmung löst sich, und meine Nervosität legt sich wie die Wellen des Meeres. Bug und Heck liegen ziemlich tief, und die Wasserlinie reicht fast bis zur Spritzdecke. Träge gleite ich im schweren Kajak dahin. Das stundenlange Paddeln wird zur Meditation.

In der Ferne lockt ein malerischer Strand, eine kleine Pause einzulegen. Aus einem unscheinbaren Seitental mündet ein kleiner Bach in den Fjord. Ideal, um unsere Trinkflaschen mit frischen Wasser zu füllen. „Etwa 18 Kilometer haben wir zurückgelegt", meint Bernhard und fügt ehrgeizig hinzu: „Wenn wir weiterhin so gut vorankommen, schaffen wir heute 35 Kilometer!"

Obwohl sie oft sehr weite Tagesetappen schafften, ließen Wetter- und die Eisverhältnisse in den Fjorden keine große Rundtour zu. Kurt und Bernhard hatten zudem noch Ski auf ihre Kajaks gepackt, was natürlich eine wunderbare Alternative zum Paddeln eröffnete. So mancher Berg, der zu einer Firnabfahrt lockte, wurde unterwegs bestiegen. Es ist schon etwas ganz besonderes, mit Blick aufs Meer mit Ski auf Berge zu steigen! Sie genossen außerdem das tägliche Lagerleben nach einem langen Tag draußen auf See oder nach einer Tour ins Hinterland. Viele einzelne Handgriffe sind notwendig bis das Zelt steht, ein Lagerfeuer entfacht ist, die Boote mit einem Eisbärenalarm gesichert sind und endlich eine heiße Suppe serviert werden kann. Glücklicherweise wurden sie während jenes Sommers nicht von Meister Petz besucht. Eine Begegnung im Sommer kann sehr unangenehm sein. Eisbären sind zu dieser Zeit meist hungrig und aggressiv, da sie den Anschluss an die Eisgrenze versäumt haben. Dort halten sich Seehunde und Robben auf, die die Nahrungsgrundlage für Eisbären darstellen.

# Eisbärenzaun

Man muss einige Spielregeln einhalten, wenn man sich im Land der Eisbären bewegt:. Eine Feuerwaffe mit großem Kaliber (Gewehr, Schrotflinte oder Revolver) zur Selbstverteidigung mitzuführen, ist absolut notwendig. Um einen Bären in einer Distanz zwischen 50 bis 100 m abschrecken zu können, sind Knallkörper sehr hilfreich. Hier bieten sich Signalpistolen und / oder Signalstifte an. Ein Schuss aus der Signalpistole ist normalerweise eine sehr effektive Methode, um Bären abzuschrecken. Der Knall, zusammen mit Blitz, Rauch und Gestank des Feuerwerks reichen meist aus, einen Bären zu irritieren. Außerdem ist es eher unwahrscheinlich, dass man das Tier mit seinem dicken Pelz ernsthaft durch einem Schuss aus einer Signalpistole verletzt. Eisbären sind strengstens geschützt – Feuerwaffen dienen nur zur Selbstverteidigung im äußersten Notfall.

Es gibt mehrere Möglichkeiten, sich gegen überraschende Eisbärenbesuche, während man schläft, zu schützen. Am sichersten sind Hunde vor den Zelten, die einen Eisbärenbesuch (normalerweise) früh bemerken und anschlagen. Viele Menschen sind aber auch ohne Begleitung von Hunden in Gebieten, in denen Eisbären vorkommen, unterwegs. Handelt es sich um eine größere Gruppe, kann man in der Nacht „Eisbären-Wachen" einrichten und sich nach einem Schichtprinzip abwechseln. Dies ist wahrscheinlich die verlässlichste aber gleichzeitig auch die anstrengendste Möglichkeit.

Eine weiterer Schutz ist ein Eisbärenzaun. Dieser sollte nicht nur ein „psychologisches Beruhigungsmittel" sein, um ruhig schlafen zu

können. Darum ist ein gewissenhafter Aufbau notwendig, welcher oft zeitaufwendig sein kann. Man spannt in sicherem Abstand vom Zelt einen Stolperdraht mit einem Alarmmechanismus (z.B. Feuerwerkskörper, Hupe) um das Lager. Geländeunebenheiten müssen ausgeglichen werden, damit der Draht einen gleichmäßigen Abstand (40 - 60cm) zum Boden hat. Leider ist eine Verlässlichkeit auf Grund von mehreren Fehlerquellen nur bedingt gewährleistet. Bären sind schlau und sollen auch schon über Stolperdrähte „geschlichen" sein!

Doch zurück zum Tagebuch von Kurt, der am Ende eines langen Kajaktages schrieb:

22. Juni:

Während wir unterwegs sind, nimmt wieder einmal der Wind zu und bläst uns entgegen. Ich spüre die Salzwassertropfen der Gischt im Gesicht. Nur mit Mühe kann ich das Paddel bei diesen Verhältnissen führen. Ständig drückt der Wind meinen Bug seitlich vom Kurs ab. Das Kajak schaukelt in den Wogen und manche Welle würde zum surfen einladen, wären die Boote nicht so schwer beladen und befänden wir uns nicht in arktischen Gefilden. Zum Glück sind wir gerade in einem eisfreien Gebiet unterwegs! Bernhard ist in seinem Element, doch ich fühle mich gar nicht wohl. Während ich äußerst konzentriert weiterpaddle, erfasst mich plötzlich eine mächtige Welle schräg von hinten. Mein Kajak wird überspült und versinkt wie ein U-Boot im kalten Wasser. Ich habe keine Chance, mich vor dem Kentern zu retten, als sich auch noch das Blatt meines Paddels bei einer Ausgleichsbewegung in der Welle verschneidet. Sofort erwischt mich die Kälte – keine Chance zu eskimotieren (das Boot mit einem Paddelschlag wieder aufrichten), ich muss die Spritzdecke lösen und aussteigen! Trotz Trockenanzuges schnürt sich mein Brustkorb zu und ich spüre das kalte Wasser bis in jede Faser meines Körpers. Ich schwimme im Eismeer! Schnell

*Eskimotieren.*

*Eine verdiente Pause auf einer Eisscholle.*

klammere ich mich an der Schlaufe am Bug fest. Bernhard kommt mir zu Hilfe. An einen Wiedereinstieg in mein Kajak hier draußen ist nicht zu denken. Wir müssen so schnell wie möglich an Land. Mit einer Hand halte ich mich an Bernhards Boot fest, mit der anderen an meinem eigenen. Die Kälte kriecht in meine Glieder und zehrt an meinen Kräften. Bernhard beginnt, mich und mein Kajak ins Schlepptau zu nehmen. Innerhalb kürzester Zeit habe ich fast keine Kraft mehr, mich an die Boote zu klammern. Das Eiswasser saugt buchstäblich die Energien aus meinem Körper. Es dauert eine halbe Ewigkeit, bis wir endlich das Ufer erreichen. Doch das Ufer ist felsig und ein Anlanden eines Kajaks fast unmöglich. Ich rette mich an Land, während Bernhard versucht mein, Boot zu bergen. Tatenlos und zitternd bin ich in die passive Rolle des unterkühlten Zuschauers gezwungen. Ich versuche mich mit Turnübungen warm zu halten. Endlich hat Bernhard eine geeignete Stelle gefunden und mobilisiert seine letzten Kräfte, mein Kajak an Land zu bringen. Geschafft!

Wir haben heute keine großen Ansprüche an unseren Lagerplatz: Hauptsache, es gibt genug Holz zum Feuern, und der Boden ist eben für unser Zelt. In kürzester Zeit hat mein Kajak- und Zeltpartner ein großes Lagerfeuer aus Treibholz entfacht. Ich schäle mich aus meinen nassen Klamotten und tanze wie Rumpelstilzchen um das riesige Feuer, um mich aufzuwärmen. Erst als unser Stress ein wenig nachlässt, wird mir mein Glück bewusst. Das war knapp! So ein Fehler hier draußen in der Wildnis hätte mich mein Leben kosten können! Eine Grenzerfahrung mit glimpflichem Ausgang. Ich fange an, über die Gefahren hier draußen und die Gefahren der Zivilisation zu philosophieren.

Langsam schlürfen wir heißen Tee und gönnen uns nach diesen Strapazen eine doppelte Portion Speck mit Kartoffelpüree und Sauerkraut.

Kurt und Bernhard hatten sich ihren Paddelsommer in Spitzbergen anders vorgestellt. Das Eis in den Fjorden brach im Sommer 2001 sehr spät auf, und das Wetter war alles andere als sommerlich. Das vereitelte den ursprünglichen Plan, Ny Ålsund im mittleren Norden der Hauptinsel zu erreichen. Doch wenn man in Spitzbergens Wildnis unterwegs ist, ganz gleich zu welcher Jahreszeit, muss man sich der Natur, dem Wetter und anderen Gegebenheiten anpassen. Die beiden machten das beste aus ihrer Situation und entschlossen sich, tief in die Arme des Bille- und Dicksonfjord, die nordöstlichen Ausläufer des großen Isfjord, vorzudringen.

Es stand nun noch die gefährliche Überquerung des großen Isfjordes bevor, um zurück nach Longyear-byen, dem Ausgangspunkt ihrer Tour, zu gelangen. Man kann entweder alle Seitenarme ausfahren, um von der einen auf die andere Seite

des Fjordes zu gelangen, oder eine direkte Querung wählen. Die erste Variante hatten die beiden schon in den vergangen Wochen hinter sich. Jeder, der die Gewässer Spitzbergens kennt, rät von einer direkten Überquerung des Isfjordes, die je nach Route 20 bis 30 Kilometer beträgt, mit einem kleinen Boot ab. Der Fjord ist eine offene Verbindung zum Nordat-

lantik, und man ist Wind und Wetter extrem ausgesetzt, insbesondere in einem Kajak, in dem man sich nicht besonders schnell bewegen kann. Allein die Gezeitenströmung kann mächtige rollende Wellen verursachen.

Kurt und Bernhard hatten nicht mehr allzu viel Zeit, und den gleichen Weg retour wollten sie auch nicht paddeln. Somit wagten sie sich an die Herausforderung. Auf die Bitte von Kurt vertäuten sie zwei geeignete dünne Treibholzstämme am Bug und am Heck ihrer Kajaks und formten zu zweit eine Konstruktion wie ein Floß, um ein nochmaliges Kentern zu vermeiden. Auf diese Weise meisterten sie die direkte Überque-

rung – und sie waren froh um die stabile Floßkonstruktion, denn tatsächlich erwartete sie eine sehr anspruchsvolle Überfahrt mit meterhohem Wellengang trotz guter Wetterbedingungen. Kurt kostete diese Etappe zurück in die Zivilisation einige Nerven, doch schmeckte danach das erste Bier (und auch die weiteren) in der Kneipe von Longyearbyen um so besser!

*Links: Bernhard bei einem menschlichen Bedürfnis.*

# Arktische Kontraste auf 79° Nord

Die arktische Wildnis Spitzbergens war Ziel unserer Sehnsucht und Neugier Anfang April 2003. Zu dieser Zeit steht in der Polarregion die Sonne noch sehr tief am Horizont. Vier Stunden Sonnenaufgang gehen fast nahtlos in einen vierstündigen Sonnenuntergang über, und trotzdem ist es schon sehr lange hell. Das Licht ist einzigartig: Der Himmel zeigt sich in jeglichen Rosa- und Blautönen. Schneebedeckte Bergrücken werden in ein intensives Gold getaucht, und die klare Luft der Arktis erlaubt endlose Weitsicht.

Jojo, Luggi und ich waren gemeinsam mit 5 Grönlandhunden unterwegs mit Ski und Hundeschlitten im Nordwesten Spitzbergens.

Wir hatten geplant, unsere Freunde Mark und Marina, die auf ihrem Segelschiff *„Jonathan"* in Nordspitzbergen überwinterten, zu besuchen. Darum tauften wir unsere Reise *„Unternehmen Jonathan"*. Jonathan, die Möwe, liebte das Fliegen und die Freiheit und lebte ihre Träume und Sehnsüchte. Genauso stellten wir uns unser Vorhaben vor: Mit Ski und Schlitten durch weglose, unbewohnte Landschaften, auf zugefrorenen Fjorden, über namenlose Pässe und auf Gletschern unterwegs zu sein. Es war von vornherein klar, dass Wetter, Gelände, Schneebeschaffenheit und viele weitere Begleitumstände uns den Weg und unser Vorankommen diktieren würden.

Schon bald wurde klar: unser Ziel, das Segelschiff „*Jonathan*", würden wir nicht erreichen. Doch allein das Unterwegsein in dieser paradiesischen Landschaft war ein Genuss:

*Tagebucheintrag vom 19.04.2003:*

Endlich wird es ein wenig kälter! Wir haben seit Tagen Temperaturen um den Gefrierpunkt. Es hat sogar zweimal geregnet! Alles ist nass und klamm. Vom Schlafsack bis zu den Schuhen „feuchtelt" es. Außerdem ist der Schnee schwer und pappig – „gerade richtig zum Schneemann bauen", meint Luggi, „aber nicht, um auf Ski und mit Hundeschlitten voran zu kommen!"

*Kapp Wijk - das Seehundsfleisch ist vor Eisbären sicher gelagert.*

In Spitzbergen ist es ungewöhnlich, solch milde Temperaturen im April und über so viele Tage zu erleben. Doch muss man eben mit allem rechnen – nicht nur, was das Wetter betrifft, sondern auch mit vielen anderen Faktoren, wie der Beschaffenheit des Fjordeises, der Standhaftigkeit unserer Ausrüstung und möglichen Begegnungen mit Eisbären.

Zur Halbzeit unseres Unternehmens - wir waren seit zwei Wochen unterwegs - übernachteten wir ausnahmsweise in einer Hütte und nicht im Zelt. Auf den Fjorden fanden wir äußerst ungünstige Verhältnisse vor: Teilweise matschiger Schnee, unerwartete offene Wasserstellen, brüchige, nasse (!) Randzonen – einmal brach Jojo sogar mitten auf dem Fjord ein – glücklicherweise nur mit dem Skistock, doch verhieß dieses Erlebnis nichts gutes. Wir konnten bei weitem nicht das geplante Tagespensum an Kilometern erreichen. Über steile Geländestufen eines namenlosen und unbekannten Passes hievten wir mittels Flaschenzug unsere gesamte Ausrüstung, mussten mehrmals Hunde und Gepäck einzeln durch enge, canyonartige Passagen manövrieren. Unzählige Male kippte bei solchen Aktionen natürlich auch unser Schlitten.

### Ostersonntag, 20.04.2003

Heute genießen wir den Luxus, in „Bollhytta", einer kleinen Trapperhütte, Unterschlupf zu finden. Über Nacht hat Schneefall eingesetzt. Am Morgen hört es zwar auf zu schneien, doch das Thermometer fällt auf unter - 29°C, und es stürmt! Arktische Na-

turgewalten! Wir sind froh um die festen Wände. Nein, wir sind überglücklich in den dunklen 3 mal 4 Metern mit dem kleinem russischen Holzöfchen. Jojo heizt wie ein Heizer auf einer Dampflok ein. Und zu verdanken haben wir den Luxus Harald, dem Fangstmann (Trapper) von Kapp Wijk. Er war so freundlich und hat uns seinen Schlüssel für diesen Unterschlupf, der für uns eine Luxusoase darstellt, geliehen. Zuvor hatten wir bei ihm das Seehundsfleisch für unsere Grönlandhunde bekommen, das wir für die zweite Hälfte unserer Tour benötigten.

*Wir zersägen das Fleisch in einzelne Portionen.*

### 21.04.2003

Einer unserer jungen Grönlandhunde liegt nach dieser stürmischen Nacht steif gefroren im Schnee. Enzo ist tot! Alle sind schockiert, und Jojo hat sogar Tränen in den Augen. Die einzige Erklärung für dieses tragische Ereignis ist, dass es ihm gestern den Magen „umgedreht" haben muss. Enzo hatte mehrmals nach dem Fressen erbrochen und gewinselt. Wir haben sein Jammern auf den Sturm und die kalten Temperaturen zurückgeführt. Doch hat ihm weniger die Kälte, vielmehr der Bauch Schmerzen bereitet – wir hätten ihm aber auch nicht helfen können, hätten wir am Vorabend seine wahre und fatale Situation erkannt. Insbesondere bei jungen Hunden, die beim Fressen schlingen, kann eine Drehung des Magens passieren. Wir sind bestürzt – fühlen uns irgendwie schuldig. Einen Hund auf Tour habe ich noch nie verloren! Dieses tragische Erlebnis erinnert uns erneut an unsere Verletzlichkeit hier draußen und an unsere eigene Vergänglichkeit. Enzo war ein begeisterter, enthusiastischer Schlittenhund. Wie schnell, zu schnell ist sein Lebensglück vorbei! Und dieses Schicksal, wollen wir das auch nicht wahrhaben, haben wir als Menschen mit allen Lebewesen gemein.

Enzo fehlte uns! In den ersten Stunden unterwegs ging jeder seinen Gedanken nach, und es wurden nicht viele Worte gesprochen.

Nun herrschten auf Grund der tieferen Temperaturen beste Schneeverhältnisse. Kalte Finger und kalte Zehen standen wieder auf der Tagesordnung, ob frühmorgens beim Tee kochen oder beim Zusammenpacken des Zeltes, später beim Fotografieren oder auf der Suche nach einem Müesliriegel in der Jackentasche. Die Kälte war wieder ständig präsent. Erst durch die Bewegung des Gehens wärmten wir uns auf. Wir wussten die bittere Kälte zu schätzen, da wir bei milderen Temperaturen mehr unter der Nässe gelitten hatten. So abwechslungsreich die erste Hälfte unserer Reise gewesen war, genauso

kontrastreich gestaltete sich auch der zweite Teil. Mit immer leichter werdendem Schlitten verlängerten sich die zurückgelegten Distanzen. Der Wind, der uns so oft ins Gesicht „biss", fegte den Schnee von den Gletscheroberflächen. Die herrschende Kälte präparierte uns darüber hinaus nahezu perfekte Pisten. Wir genossen die Freiheit auf Ski, manchmal der Sonne entgegen, manchmal den Wind im Rücken. Wir fühlten uns als „Spitzbergen-Express" und glitten zügig über die Gletscherplateaus wieder mit Kurs Süd zurück in Richtung Longyearbyen. Auf dem Weg nach Süden bestiegen wir noch ein paar namenlose Gipfel und wurden mit grandiosem Panorama und einigen Begegnungen mit Eisbären belohnt.

Frei, wie sich die Möwe „*Jonathan*" in den Lüften fühlen musste, so frei fühlten wir uns mit unseren Hunden und auf Skiern dort oben auf den Weiten des Inlandeises Spitzbergens.

Unglaublich sind dieses gleißende Licht und diese unvergesslichen Blicke aufs Polarmeer! Oft waren beide Küsten, Ost- und Westküste, über hundert Kilometer weit einzusehen. Mit unzähligen Eindrücken, viel frisch getankten Energien und einem erfüllten Traum im Reisegepäck, kehrten wir glücklich und gesund Anfang Mai zurück in den grünen und blühenden Frühling Mitteleuropas.

Oft fragen wir uns, warum wir uns auf eine so kalte Expedition begeben und dies „Urlaub" nennen. Aber allein der Moment des Heimkommens rechtfertigt ein solches Unternehmen. Selbstverständliche Dinge der Zivilisation und des Alltagsleben zu Hause fehlen dort draußen. Daheim drehen wir den Wasserhahn auf, gehen barfuss durch die Wohnung und bleiben nicht am Metalllöffel mit der Zunge hängen, weil er so kalt ist! Unzählige Kleinigkeiten werden zu ersehnten Besonderheiten.

*Bergsteigen auf Spitzbergen - Erlebnisse der besonderen Art*

# Grönlandhunde

Für Schlittenhunde bedeutet Bewegung, das Laufen im Gespann und das Ziehen von einem Schlitten, die schönste Aufgabe in ihrem Hundeleben. Grönlandhunde kann man mit keiner Hunderasse, die in Mitteleuropa existiert, vergleichen. Es ist eine eigene Rasse unter den Schlittenhunden. Bei uns sind die sibirischen Huskies (blaue Augen), die Samojeden (weißes Fell und kleiner), die Alaskan Huskies (keine eindeutige Hunderasse) oder die Malamutes (größte Schlittenhundrasse) am besten bekannt. Grönland hat ein Importverbot von anderen Hunderassen, um die Grönlandhunde „reinrassig" zu erhalten. Heutzutage werden von europäischen und nordamerikanischen Züchtern oft Grönlandhunde mit anderen gekreuzt.

Grönlandhunde sind eigentlich reine Arbeitstiere und werden selten als Wettkampfhunde bei Schlittenhunderennen verwendet. Das liegt an ihrem Verhalten und an ihrer Konstitution. Ihre größte Leidenschaft ist es, Machtkämpfe untereinander auszutragen. „Kampflustige" Hunde sind bei Wettkämpfen ein Tabu. Die Grönlandhunde sind robuster und von schwerer Natur. Deshalb sind sie auch nicht die schnellsten. Dafür zeigen sie extreme Kraft und Ausdauer. Wettkampfhunden (Sibirian, Alaskan Husky, etc) müssen oft „Booties" (=Schuhchen) angezogen werden, da je nach Terrain die scharfen Schnee- und Eiskristalle die Pfoten verletzen könnten. Äußerst selten haben Grönlandhunde Proble-

me mit ihren Pfoten. In Grönland selbst trifft man keinen Inuit, der seinen Hunden „Kamikas" (Schuhe) anziehen würde. In Grönland wird der Hund als ein Lebewesen ohne Seele angesehen. Dementsprechend wird er auch oft sehr grob behandelt, was für uns Mitteleuropäer schwer begreifbar ist. Aber es wäre falsch, eine andere Kultur „belehren" zu wollen – zu viele Fehler haben wir Mitteleuropäer schon diesbezüglich begangen, bei dem Versuch eigene Werte, Ansichten oder Lebensweisen anderen Kulturen aufzuzwingen. Der Grönlandhund ist geprägt von der rauen Natur und der rauen Behandlung über Jahrhunderte. Er ist mehr Arbeitstier als Haustier und hat mehr vom Wolf als die meisten anderen Hunderassen. Der Grönlandhund hat seine ursprünglichen Instinkte bewahrt und spürt beispielsweise sehr schnell, ob sich ein Eisbär hungrig und aggressiv oder nur „zufällig" und aus Neugier nähert.

Sein Charakter ist einzigartig: Untereinander ständig Rangkämpfe austragend und eigenwillig, zeigt er sich doch sehr zutraulich und liebesbedürftig dem Menschen gegenüber. Vorausgesetzt der Hund wird fair behandelt und nicht zum bissigen Hund erzogen! (Bissige, falsch erzogene Hunde finden wir zuhauf in unserer Nachbarschaft – da muss man nicht erst bis Grönland reisen!). Ein Grönlandhund ist ein Arbeitstier und kein Haustier! Er gehört in die Polarregion, in die Kälte, in den Schnee und in die „freie" Natur – nicht in Wohnungen oder asphaltierte Städte.

# Quito und die Eisbären

Es war Quito's erster Eisbär! Der junge Grönlandschlittenhund, gerade einmal 10 Monate alt, begann plötzlich zu bellen – es war 2 Uhr morgens. Er bellte aus Panik und versuchte, diesem weißen Bären zu entkommen, doch die Kette am Halsband hinderte ihn daran.

Abends waren wir alle in voller Montur in unsere Schlafsäcke geschlüpft, nicht nur aufgrund der sonst herrschenden arktischen Temperaturen! Wir waren unterwegs im Land der Eisbären, verbrachten unsere Nächte in Zelten und mussten auf ungeladenen Besuch vorbereitet sein. Aus diesem Grunde waren auch Quito und vier weitere Grönlandhunde mit von der Partie. Sie waren im Kreis um unsere Zelte angekettet, um uns vor jeglicher Gefahr zu warnen.

Mit einem Gewehr und einer Signal- pistole bewaffnet, sprang ich aus meinem Schlafsack. Innerhalb weniger Augenblicke war ich vor dem Zelt, um nachzusehen, was dort vor sich ging. Keine 5 Meter von mir entfernt stand Quito einem Eisbären Schnauze an Schnauze gegenüber! Ohne zu zögern zielte ich mit der Signalpistole direkt auf den Bären und schoss. Trotz der geringen Entfernung verfehlte mein Ziel in dieser aufregenden Situation. Die Rakete flog über den Bären hinaus und landete hinter ihm. Dies hätte das Tier derart erschrecken können, dass es seinen Fluchtweg anstatt weg vom Lager, auf mich zu hätte wählen können. Doch der Bär trat nur einen Meter von Quito zurück und wartete. Innerhalb weniger Sekunden hatte ich nachgeladen. Und wieder verfehlte auch dieser Schuss sein Ziel um ca. einen halben Meter. Dieses Mal wandte sich der Eisbär gemächlich von Quito ab. Ich nutzte die Gelegenheit um zu fotografieren, da man nicht alle Tage so nahe Begegnungen mit dem König der Arktis erlebt. Jetzt konnten wir ein wenig verschnaufen. Trotz allem, dieser Eisbär war nicht so einfach zu verjagen – er hielt inne und in einiger Entfernung näherte er sich langsam von der anderen Seite unserem Lager. Es war für mich sehr interessant, meine eigene „psycholo-

gische Schwelle" auszuloten, wie nahe mir der Eisbär kommen darf, bis ich mich ernsthaft in Gefahr fühlte. Eine extrem laute Handgranatenattrappe war mein letztes Abschreckungsmittel vor der Option, mein Gewehr zur Selbstverteidigung benutzen zu müssen. Plötzlich, bei einer Entfernung von 8 bis 10 Metern verspürte ich ein eigenartiges Gefühl: – der Eisbär war mir zu nahe gekommen. Ich zündete diese Handgranatenattrappe und wartete wenige Sekunden, bis ich ihm kurz vor der Explosion den Feuerwerkskörper vor seine Pranken warf, in der Hoffnung der tiefe Schnee würde den Zündmechanismus nicht löschen. Der gewaltige Knall erschreckte den Bären derart, dass er aufhüpfte und im Galopp Reißaus nahm. Welch eine Erleichterung!!

Wir hatten uns noch nicht ganz von dieser Begegnung erholt, als wir Quito bemerkten, der immer noch unter großem Stress stand: Mittlerweile hatte er vor Aufregung erbrochen, Durchfall bekommen, und er bellte nervös weiter. Es war sein erster Eisbär! Niemand hätte gedacht, dass die erste Begegnung so nah auf Tuchfühlung gehen würde!

Rückblickend war es mein Fehler gewesen: Abends zuvor hatte ich den Hunden eine kleine Kuhle als Windsschutz ausgehoben. Höchstwahrscheinlich hatten Quito und die anderen Hunde deshalb den Eisbären nicht bemerkt, bis er sehr nahe war. Wir alle hatten eine Lektion erhalten. Nach mehreren Stunden erholte sich Quito von seinem Schock und war ab diesem Zeitpunkt der aufmerksamste „Bär-Hund"! In den folgenden 5 Tagen sahen wir 20 Eisbären aus näherer und weiterer Entfernung. Quito bemerkte alle Bären als allererster! Bald verstand er, dass er nicht alleine unser Lager verteidigen musste, sondern dass wir ihn mit trickreichen Knallkörpern bei seinem Job unterstützten. Wir entwickelten eine ganz spezielle Beziehung zueinander, die geprägt war von der gegenseitigen Abhängigkeit.

# Baffin Island - auf alten Inuitwegen durch eines der größten Granitgebirge der Erde

Seit den 60er Jahren des vergangenen Jahrhunderts stehen Eisbären weltweit unter Naturschutz. Die Bewohner der Arktis, die Inuit, die seit jeher Jagd auf den weißen Bären machten, dürfen weiterhin Eisbären auf traditionelle Weise (nicht vom Motorschlitten aus) bejagen. Zudem müssen sie sehr strenge Auflagen und Limitierungen einhalten. Das betrifft auch die Inuit von Baffin Island: Diese Insel liegt zwischen 62° und 74° Nord, westlich von Grönland und nordöstlich der kanadischen Hudson Bay. Baffin Island ist die fünftgrößte Insel der Erde und gehört zu der kanadischen Provinz Nuunavuut, die von Inuit selbst verwaltet wird.

Als Kurt und Herbert im März 2003 auf Baffin Island bei –35° C eintrafen, erlitten sie neben einem Temperatur- auch einen Kulturschock: In der Siedlung Broughton Island, von der ihre Tour beginnen sollte, kamen gerade einige einheimische Jäger von der Eisbärenjagd zurück und zerlegten einen großen Bären mitten im Ort! Solche Erlebnisse und so tiefe Temperaturen sind für eine Mitteleuropäer wirklich nichts alltägliches!

Kurt und Herbert brauchten einige Tage, um sich zu akklimatisieren und letzte Vorbereitungen für ihre Durchquerung von einem der größten Granitgebirge der Erde zu treffen. Nachdem die behördliche Erlaubnis für ihre Tour vorlag und sie sich zwei Schlittenhunde organisiert hatten, starteten sie.

Der Weg führte sie durch den Nationalpark von Broughton Island bis Pangnirtung. Die glatten Granitwände von Mt. Thor und Mt. Asgard, die auf ihrer Route lagen, sind bis zu

1500 m hoch und konkurrieren in Schönheit und Form mit den patagonischen Berühmtheiten Cerro Torre und Fitzroy. Kurt und Herbert waren mit Ski unterwegs auf einem alten Inuitweg, und jeder von ihnen zog einen großen Schlitten (Pulka) mit Ausrüstung und Proviant. Sie hatten sich eine ältere Hündin eingehandelt, die auch noch läufig war und absolut unmotiviert manchmal vor und meist neben Herbert hertrottete. Kurt hatte einen Rüden vor sich im Geschirr – dieser war recht scharf auf das läufige Weibchen und zog dementsprechend. Doch in den Pausen war er meist erschöpft und verlor ebenfalls nach und nach an Motivation. Beim ziehen der Last waren die Hunde nicht sehr hilfreich. Trotzdem war es angenehm, die zwei Grönlandhunde zur Begleitung und zum Schutz vor Eis-

bären dabei zu haben. Während Kurt und Herbert unterwegs waren, begegneten sie zwar keinem Bären, jedoch kreuzten sie zweimal frische Eisbärspuren im Schnee.

In Baffin Island - ähnlich wie in Spitzbergen - gibt es zu dieser Jahreszeit auf Grund der tiefen Temperaturen und der gleichzeitig sehr trockenen Luft nur wenig Niederschläge. Man sagt, es sei in weiten Teilen der Arktis trockener als in der Sahara! Hinzu kommt noch der ständig präsente Wind, der jeglichen losen Schnee wegbläst. Kurt und Herbert fanden eine wüstenähnlich Landschaft vor: In den Talböden waren die Flüsse und Bäche zu blanken Eisflächen erstarrt. Die blauen Spiegelflächen schlängelten sich unter den Granitmajestäten. Größere zusammenhängende Schneeflächen gab es kaum noch – der Untergrund bestand

Kilometer zurückgelegt. Die Kondition von Herbert ist nach wie vor sehr gut, nur meine lässt langsam nach. Die Rastzeiten könnten meiner Meinung nach länger ausfallen. Wenn es so weitergeht und das momentane Hochdruckwetter uns erhalten bleibt, dann können wir morgen Abend unterhalb der riesigen Granitwände des Mt. Thor campieren! Seit einigen Tagen ist dieser herrliche Pfeiler in der Ferne sichtbar

### 23. März 2003

Am Morgen zeigt das Thermometer weiterhin –30° Grad C. Zunächst geht es auf einem gefrorenen

entweder aus Eis und festen, windgepressten Schneefeldern oder sandigem Boden und steiniger Tundra. Das Vorankommen gestaltete sich mühsam. Mit Ski fand man auf diesem eisigen Terrain kaum Halt, und den Hunden erging es nicht besser. Es blieb Kurt und Herbert nichts anderes übrig, als für weite Strecken die Ski auf die Schlitten zu schnallen, um mit Steigeisen auf den erstarrten Flüssen vorankommen. An vielen sandigen und steinigen Passagen mussten die beiden ihre schweren Schlitten tragen.

Flusslauf leicht bergab, und unsere Pulkas „tänzeln" hinter uns her. Den beiden Hunden zieht es buchstäblich den Boden unter ihren Füßen weg. Sie können unserer Spur nicht mehr folgen und stellen momentan absolut kei-

### Kurts Tagebucheintrag vom 22. März 2003:

Nachts konnte ich nicht viel schlafen. Schuld daran waren die farbenprächtigen Nordlichter der sternenklaren und bitterkalten Nächte. Gestern hatten wir ca. 20

*Eisige Temperaturen.*

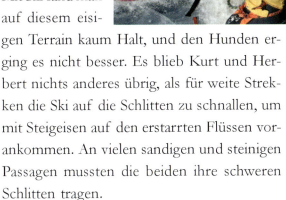

ne Hilfe beim ziehen unserer Schlitten dar. Wir sind froh um unsere Steigeisen! Immer wieder kippen unsere Pulkas seitlich um. Gemeinsam richten wir sie wieder auf – eine aufreibende Arbeit. Doch es kommt noch schlimmer: Am Nachmittag müssen wir unsere Schlitten über Sand ziehen – Schnee und Eis sind verschwunden. Teilweise ist es unmöglich, die vollbeladenen Schlitten alleine über diese Sandinseln zu ziehen. Ständig bleiben wir stecken. Dabei komme ich sogar bei diesen Minustemperaturen ins Schwitzen. Abends ist das Trocknen der Kleider mühsam: Die nassgeschwitzen Sachen muss man am Körper im Schlafsack trocknen. Andernfalls wären sie steifgefroren und nutzlos.

Während einer längeren Pause versorge ich Blasen an meinen Fersen. Ungemütlich bei – 25° ohne Socken!

Zum Mt. Thor schafften sie es an jenem Abend nicht mehr. Da es schon 18.00h war,

mussten sie sich um einen geeigneten Lagerplatz kümmern. Die Erfahrung der vergangenen Tage hatte ihnen gezeigt, dass gegen Abend der eisige Wind auffrischte und eine windige Nacht auf einem ungeschützten Zeltplatz sehr ungemütlich sein konnte. Wenig später fanden sie einen geeigneten Platz. Gemeinsam stellten sie ihr Zelt auf, dann versorgte Herbert die Hunde. Mit Eisschrauben fixierte er die Leinen im Eis. Kurt begann in der Zwischenzeit zu kochen. Nudeln mit Speck standen auf dem Menüplan.

....Unglaublich gut schmeckt ein so einfaches Mahl nach einem so anstrengenden Tag! Es ist immer wieder faszinierend, wie sich mein Appetit nach solchen Strapazen in dieser Kälte zu einem Bärenhunger entwickelt! Es ist ein Hochgenuss, nach so einem Tag die müden

*Die Passhöhe ist erreicht.*

*Beine hochzulegen und zu spüren, wie jeder einzelne Löffel Nahrung den Körper stärkt und ihm Wärme zuführt. Die Mahlzeiten an sich werden zu Ritualen und zu einzelnen Höhepunkten an solchen Tagen. Der gleichzeitige Blick auf die Granitwände im rötlichen Abendlicht machen diese Momente zu unvergesslichen Erlebnissen unterwegs. Es ist ein unbeschreibliches Glücksgefühl, das man dabei verspürt!*

Nach drei Wochen erreichten Kurt und Herbert mit ihren beiden Schlittenhunden ihr Ziel, Pangnirtung. Dort feierten die Einheimischen zu jenem Zeitpunkt - Mitte April - „Tunik-Time", ein Fest, an dem viel getanzt, gesungen, musiziert wird und verschiedenste Tätigkeiten dargestellt werden. Die beiden er-

lebten nach ihrer intensiven Zeit in der Wildnis besonders sensibel einerseits die Festlichkeiten und andererseits die unzähligen Probleme der Bevölkerung, die man als Gast nur erahnen kann.

Viele Gegenden der Arktis wurden erst vor 60 bis 80 Jahren „zivilisiert". Es ist offensichtlich, dass dieser Sprung von einem steinzeitlichen Nomadenleben zu einem sesshaften modernen Lebensstil kaum eine Kultur verkraftet. Darum kann man den großen seelischen Konflikt in der Bevölkerung gut verstehen. Ihre Lebensfreude, für die die Inuit bekannt sind, prallt auf oft aussichtslose Zukunftschancen. Alkohol, Eifersuchtsdramen, Selbstmord und Gewalt sind ständig präsent.

# Tipps für den Iglu-Bau

Grönländer werden in Mitteleuropa fälschlicherweise „Eskimo" genannt. Sie selbst bezeichnen sich als „Inuit", das übersetzt „Mensch(en)" heißt. „Eskimo" ist ein Schimpfwort und bedeutet „Rohfleischfresser". Ich selbst habe in Grönland eine Mutter gehört, wie sie ihr schmatzendes Kind aufgefordert hat, nicht wie ein „Eskimo" zu (fr)essen. Wir verbinden mit dem Gedanken an Grönland oftmals auch Iglus, das übersetzt nicht nur kuppelförmige Gebäude aus Schneeblöcken bezeichnet, sondern eigentlich auch ein Begriff für eine feste Behausung aus Stein und Gras ist. Auf längeren Jagdausflügen bauten sich Jäger zum Schutz ein Iglu, oder „Illuliaq" (je nach Dialekt). Heute noch reist im Winter kein Inuit-Jäger ohne ein Schneemesser, mit dem er sich aus Schneeblöcken eine Unterkunft bauen kann. Zelte können ein Iglu nicht ersetzen. Ein Iglu aus Schnee widersteht mit seinen dicken Mauern jedem Sturm. Ein Zelt müsste auf Jagd zudem transportiert werden. Ein Iglu hingegen ist geräumiger, wärmer, trockener und kann vor Ort aus Schnee erbaut werden.

Im letzen Jahrhundert erkannten Polarforscher diese Vorteile und nützten sie auf ihren Vorstößen nach Norden.

Während Herbert und Kurt einige Wochen auf Baffin - Island unterwegs waren, hatten sie natürlich auch ein Schneemesser bzw. eine Schneesäge mit dabei. Während eines Rasttages packte Herbert der Ehrgeiz, er nahm sich die Zeit und baute ein Iglu. Dieses wurde ihre Unterkunft und angenehmes Zuhause für die kommenden zwei Tage.

Hier wichtige Tipps:

Im hohen Norden findet man reichlich windgepressten Schnee, der sich besonders gut für einen Iglubau eignet. Die Standortwahl für das Iglu ist sehr wichtig für den Erfolg. Der Eingang sollte etwa 90° zum Wind geplant werden. Durch Verwirbelung würde die Leeseite (Windschatten) verweht werden. Den Eingang zum Wind gerichtet würde Schnee direkt ins Iglu blasen. Der Platz für ein Iglu muss nicht eben sein. Eine Hangneigung benötigt aber etwas mehr Geschick beim Bau. Genug Zeit sollte man insbesondere für das erste Iglu einplanen, da man in Notsituationen für eine Schneebehausung einige Erfahrung benötigt.

Ideal ist eine ca. 50cm lange Schneesäge für die Schneeblöcke. Je größer die Blöcke ausge-

stochen werden können, desto besser. Man sollte beim Sägen senkrecht beginnen und wenig
Kraft ausüben. Anschließend werden vorsichtig
die zwei kurzen seitlichen vertikalen Schnitte
gesetzt, um nicht zu tief die folgende Reihe zu
zerstören. Der letzte Schnitt ist der untere. Wenn
alle Schnitte richtig geführt wurden, wird man
mit einem dumpfen Ton belohnt, wenn der Block
sich aus der Reihe löst.

Beim Aufbau sollte jeder Block an drei Punk-
ten Kontakt haben. Zunächst werden die Blök-
ke waagerecht gesetzt, anschließend kippt man
sie vorsichtig nach innen. Auf der untersten Reihe
errichtet man nun spiralenförmig weitere Rei-
hen bis zum Abschlussblock.

Wichtig ist, dass der Durchmesser des
Abschlussblockes größer sein muss als der
Durchmesser des zu füllenden Loches. Die An-
passungsarbeit findet dann von Innen her statt.

Nun werden noch alle Fugen mit Schnee ab-
gedichtet. Wenn man einen Kältegraben im In-
neren der Behausung gräbt, kann die kalte Luft
absinken. Damit erreicht man einen wesentlichen

Wärmegewinn. Ein, zwei Kerzen erhellen nicht
nur wunderbar den Raum, sondern beheizen
auch überraschend gut das Iglu. Kocht und
schläft man im Iglu, sollte man an eine ausrei-
chende Sauerstoffzufuhr denken.

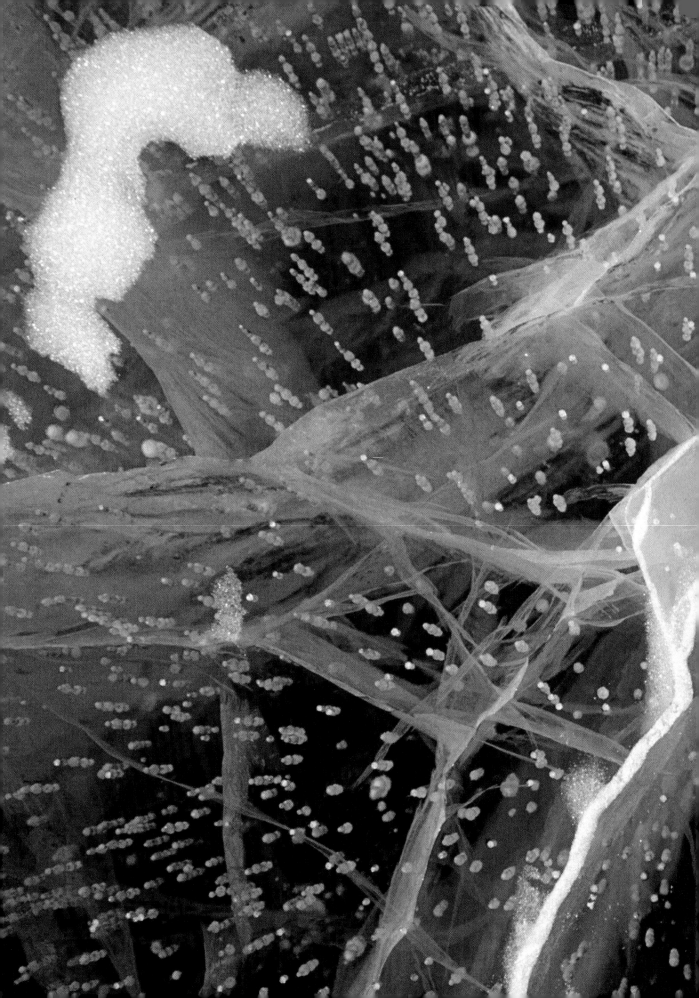

## *Lorenz Breitfeld:*

Lorenz Breitfeld, geboren 1974 in Rosenheim, wuchs in Oberaudorf, nahe der Grenze zu Österreich auf. Nach einem 2-jährigen Aufenthalt in Wales, Großbritannien, begann er 1995 sein Medizinstudium in Innsbruck. 2002 promovierte er und lebt heute mit seiner kleinen Familie in Lienz, Osttirol. Dort befindet er sich in Ausbildung zum Arzt für Allgemeinmedizin.

Schon sehr früh in seiner Jugend unternahm er ausgedehnte Reisen in ganz Europa, Australien (1991), Afrika (1994 und 1996) und Nordamerika. Seit über 10 Jahren bereist er regelmäßig den Hohen Norden. Er hat zahlreiche Unternehmungen in Island, Norwegen, sowie Expeditionen mit Ski und Hundeschlitten in Spitzbergen, Grönland und Alaska durchgeführt. 1998 hat er sein Studium unterbrochen, um eine Saison als Hundeschlittenführer in Spitzbergen zu arbeiten. 1999 verbrachte er den Sommer in Tasiilaq, Ostgrönland, um in einem kleinen Krankenhaus ein Praktikum zu absolvieren. Ihn hat der „arktische Virus" befallen. Dies ist die Faszination des Nordens, die zur Sucht werden kann, und einen immer wieder auf hohe Breitengrade zurückkehren lässt.

## *Kurt Leopoldseder:*

Kurt Leopoldseder wurde 1965 in Linz geboren. Schon seit seiner Kindheit träumte er von unberührter Natur und Wildnis. Sein Brot verdiente er sich schließlich als Koch und Kellner in der Schweiz. Er gehört zu den Menschen, die sich ihrer Träume nicht entziehen. Das Yukon-Territorium wurde ihm zu seiner zweiten Heimat. Tausende Flusskilometer hat er dort gepaddelt. Im Winter 1993 / 94 gelang ihm mit zwei Freunden eine Ost-West-Winterdurchquerung mit 15 Huskies. Im Winter 1996 / 97 ritt er mit seiner Freundin 2000 km durch die patagonischen Anden Argentiniens. Die letzten Jahre verbrachte er wieder zunehmend im Norden, in Ostgrönland, Spitzbergen und Baffin - Island. Die Wegbegleiter waren Seekajak, Ski, Pulka und Schlittenhunde. Seine Erfahrungen als Bergsteiger und Kanufahrer sammelte er während Reisen auf allen Kontinenten. Sein Motto für weitere Unternehmungen: „Natur und Mensch erleben".

## *Danke!*

Vieles haben wir erst mit der Hilfe von zahlreichen Freunden und Firmen realisieren können. Bei Ihnen allen möchten wir uns an dieser Stelle ganz herzlich bedanken! Ganz besonders bei **FISCHER Ski GmbH, ORTOVOX, McKinley, SAS / Eurobonus**

Unsere Unternehmungen wurden zum Erfolg aufgrund unserer Partner und Freunde **Ludwig Beer, Johannes Schelle, Svein Håvard Ålien, Gerd Albrecht und Peter Darmady, Bernhard Wagner, Herbert Hortschitz, Romano Schenk** und **Cyriak Steiner.** Ihrer Freundschaft und ihrem Vertrauen ist es zu verdanken, dass wir immer wieder gesund und glücklich von unseren gemeinsamen Touren zurückgekehrt sind.

An dieser Stelle möchten wir uns auch bei unseren geduldigen Lektorinnen **Daniela Zojer** und **Barbara Breitfeld**, Mutter von Lorenz, ganz herzlich bedanken, die uns bei diesem Buch sehr geholfen haben.

Zuletzt gilt ein besonderer Dank unseren Familien, die uns immer wieder „ziehen lassen" und uns in unserer Leidenschaft unterstützen. Speziell sei hier die Lebensgefährtin von Lorenz Breitfeld, **Daniela Zojer** erwähnt, die ihm als Mutter seiner zwei Kinder sehr viel Verständnis entgegen bringt.